AF384192

OBSERVATIONS

SUR

LE NOUVEAU PROJET DE LOI

POUR LA CONVERSION

DES RENTES.

OBSERVATIONS

SUR

LE NOUVEAU PROJET DE LOI

POUR LA CONVERSION

DES RENTES;

PAR

LE COMTE DE MOSBOURG.

A PARIS,

CHEZ DELAUNAY, LIBRAIRE,

PALAIS-ROYAL, GALERIES DE BOIS.

IMPRIMERIE DE LACHEVARDIERE FILS,
SUCCESSEUR DE CELLOT, RUE DU COLOMBIER, N. 30.

1825.

OBSERVATIONS

SUR

LE NOUVEAU PROJET DE LOI

POUR LA CONVERSION

DES RENTES.

Une question qui paraissait épuisée va donc s'agiter de nouveau. Un projet repoussé en 1824, par le pouvoir législatif, par l'opinion de la France, par le jugement de l'Europe entière, reparaît sous une autre forme, et vient encore, en 1825, étonner tous les esprits, alarmer tous les intérêts.

En vain, l'année dernière, une coalition de cent cinquante banquiers offrit le remboursement impossible de deux milliards huit cents millions, pour obtenir que le revenu des rentiers fût diminué d'un cinquième, et la dette des contribuables augmentée d'un tiers à leur profit; cette conception étrange, cette audacieuse conspiration contre toutes les fortunes et contre beaucoup de misères,

effaroucha le bonheur public et révolta les con-
sciences. La chambre des pairs en fit justice (1).

Aujourd'hui , la coalition , se cachant dans
l'ombre et comme en embuscade , se flatte de
gagner par une manœuvre habile , par une ruse
de guerre , ce qu'il lui fut impossible alors d'em-
porter de vive force.

Elle ne parle plus de ses milliards illusoires , elle
n'exige plus qu'on lui paie 35 millions pour une
intervention qu'elle-même aurait payée fort cher
plutôt que de laisser échapper sa proie ; mais, sans
rien offrir, sans rien demander, sans paraître, elle
veut que, par des menaces, par des espérances,
les rentiers soient attirés , sous ses coups, dans un
défilé périlleux , où il lui sera facile de les mettre à
rançon , en même temps qu'elle les forcera à leur
livrer les contribuables.

Voilà en effet le double succès , voilà le double
profit qu'elle ose attendre du projet de loi que, sous

---

(1) M. Laffitte a dit, dans ses *Réflexions sur la réduction de la rente*, page 142 :

«Les associés , au nombre de cent vingt à cent cinquante,
liés les uns à l'égard des autres , ne pouvaient se retirer
qu'ensemble ; engagés pour 15 ou 20 millions de rente,
ou pour 3 ou 400 millions de prêts , ils ne pouvaient que
périr ou sauver la bourse.

l'influence de ses inspirations, les ministres ont présenté à la chambre des députés.

Examinons la combinaison savante qui fait l'espoir de nos traitants.

A compter du 22 mars, la caisse d'amortissement cesse d'acheter des rentes 5 pour o/o au-dessus du pair, et sa dotation de 80 millions se porte tout entière au rachat des 3 pour o/o que les rentiers actuels auront acceptés à 75.

Dans le principe, les grands et hardis spéculateurs auront seuls, des 3 pour o/o, une paternelle sollicitude pour leurs intérêts, ayant pris soin que les émigrés eux-mêmes n'en puissent avoir que long-temps après. Ils pourront donc les vendre sans concurrence, et très cher, à la caisse d'amortissement; aussitôt tous les joueurs voudront acheter des 3 pour o/o.

Le haut prix de ce fonds persuadera aux rentiers crédules qu'il doit être pour eux une source de richesses.

La coalition aura mille moyens d'irriter la cupidité, d'exalter les espérances; le taux des 3 pour o/o s'élèvera de jour en jour, d'heure en heure, et, de toute part, on se précipitera pour en obtenir par achat ou par conversion. L'empressement excitera l'empressement, et Paris verra peut-être, une fois encore, les folies que fit éclater le système de Law, ce système si malheureusement célèbre, et qui bouleversa si complètement toutes les fortunes. Quand les créanciers actuels auront converti leurs titres, quand les joueurs se seront chargés d'une énorme masse de 3 pour o/o, les traitants se trouveront débarrassés des rentes que laissa dans leurs mains l'entreprise avortée de 1824 ; les rentiers ne pouvant plus reculer, seront à leur discrétion ; les contribuables devront un milliard de plus , et l'objet principal des efforts des coalisés sera désormais de s'approprier la plus grande partie de ce milliard.

Ainsi , non seulement ils auront réparé leurs pertes , mais encore ils auront ouvert une grande carrière à leurs spéculations ; ils se seront préparé des bénéfices immenses!....

A ce point, si on y arrive , ce qui me paraît fort douteux, commencera un nouvel ordre d'opérations.

L'intérêt de la coalition ne sera plus d'élever le cours des 3 pour o/o ; il sera de les déprécier, afin d'en acheter au taux le plus bas, et de poursuivre, avec le plus grand avantage possible, le milliard de dette nouvellement constitué.

Alors le moment où les émigrés pourront recevoir une partie de leurs indemnités sera venu, et presque tous se hâteront, sans doute, d'aliéner des valeurs dont le crédit déclinera rapidement. Alors on verra les efforts des banquiers concourir avec les nouvelles émissions , avec l'empressement à vendre qu'auront les nouveaux créanciers, avec la terreur qui saisira les anciens, et avec le résultat naturel d'une hausse factice et forcée, résultat qui est toujours une grande baisse ; alors enfin les 3 pour o/o descendront vraisemblablement au-dessous de 60, valeur réelle d'un tel revenu, aussi long-temps qu'il sera possible de placer en France des capitaux à 5 pour o/o sur hypothèque ou sur d'autres bonnes garanties.

Nos rentes, après cette crise, demèureront flétries, déshonorées, et ne seront plus une valeur de crédit ; elles seront une ignoble valeur d'agiotage ; soumises à ces fluctuations, à ces alternatives de hausse et de baisse que les spéculateurs savent si bien produire pour se procurer des gains sans mesure, et que nos 5 pour o/o ont si long-temps subies avant d'atteindre le pair.

Un autre désastre pour la France, et le plus grand de tous peut-être, un autre avantage pour les spéculateurs, dont l'ambition avide ne néglige aucun calcul, sera dans la nécessité qu'une opération fatale nous aura imposée, de faire désormais tous nos emprunts sur des 3 pour o/o, ce qui accroîtra de 2 cinquièmes, à peu près, le capital de nos dettes futures, comme on va, tout-à-coup, accroître d'un tiers le capital de notre dette actuelle.

Tels sont, on n'en peut douter, les résultats que se flattent d'atteindre les véritables auteurs, les inventeurs intéressés du nouveau projet sur les rentes ; et certes je ne réclame pas, pour les avoir exposés, l'honneur d'une prévoyance particulière, je n'ai présenté que l'expression fidèle d'une prévoyance générale, et qui se manifeste partout.

Oui, partout, j'ose le dire, on voit dans l'opération nouvellement proposée le triomphe de certains intérêts privés, auxquels se trouveraient aveuglément sacrifiés, si elle venait à s'accomplir, les plus grands intérêts de la France. Ceux qui l'ont conçue, ceux qui la sollicitent, ceux qui ont réussi, pour la seconde fois, à égarer le ministère, ne peuvent pas se dissimuler que l'opinion les accuse.

En vain ils font des sacrifices, en vain ils mettent en mouvement leur immense clientèle, en vain certains journaux, livrant au projet mis en discussion des attaques simulées, cherchent à se ménager les honneurs de l'opposition avec les profits de la connivence ; de jour en jour les inconvénients de ce projet se révèlent avec plus d'évidence, et la raison commune le repousse avec plus de force. Les coalisés le sentent bien ; mais la nécessité leur donne du courage : l'ascendant qu'ils ont pris sur les ministres leur inspire de la confiance, et ils bravent l'animadversion publique. Dans leur opiniâtre ténacité, ils semblent dire à la France entière, mais tout bas, et avec les sentiments concentrés de l'avidité qui attend sa proie , ce que le cardinal de Polignac disait aux pléni-potentiaires de Hollande avec tant de hauteur au congrès d'Utrecht : *Nous ne sortirons pas d'ici; nous traiterons chez vous, nous traiterons de vous, et nous traiterons sans vous.*

Aura-t-elle, en effet, son accomplissement cette opération funeste? Il faut espérer que la sagesse des chambres ne le permettra pas ; et si des considérations, que je ne puis comprendre; des considérations, que je devrais croire supérieures à des intérêts de finance, déterminaient la sanction de la loi, on peut croire encore que la prudence des rentiers les sauverait du précipice, aux bords très glissants , ouvert pour engloutir leurs fortunes avec la fortune publique.

Il s'agit, en 1825 comme en 1824, de diminuer d'un cinquième les intérêts de notre dette, en accroissant le capital d'un tiers. Les conséquences ruineuses d'une si extraordinaire combinaison furent démontrées, l'année dernière, avec tant de clarté, et développées avec une si vive éloquence, d'abord à la chambre des députés, plus tard à la chambre des pairs, qu'il était impossible de s'attendre à la voir reproduite ; et cependant le ministère n'a daigné prendre aucun soin de la justifier, soit par des calculs, soit par des raisonnements nouveaux.

Ou les objections qui la firent rejeter, et qui produisirent sur les esprits des impressions si profondes, sont comme non avenues à ses yeux, ou il a craint d'en réveiller le souvenir, ou, peut-être, il a voulu réserver toutes ses forces pour le moment de la discussion, sans dévoiler, avant le combat, son système de défense.

Quoi qu'il en soit, la question fondamentale de l'accroissement du capital, pour obtenir une diminution d'intérêt, doit être soumise à un examen nouveau. Je vais la traiter, pour rappeler et pour appuyer, par des considérations nouvelles, ce qui fut écrit à ce sujet; je m'attacherai ensuite à montrer les inconvénients nombreux et graves ajoutés par le projet de 1825 aux inconvénients déjà si redoutables du projet de 1824.

Je crois devoir prévenir que, pour lier la discussion actuelle à celle qui eut lieu l'année dernière, je prendrai toujours pour base de mes calculs une rente de 140 millions à réduire, et une dotation de 80 millions appartenant à l'amortissement. Ces chiffres furent fournis par le ministère, et les différences qui peuvent être survenues ou qu'on a pu apercevoir depuis sont sans intérêt, les résultats proportionnels devant être les mêmes.

CHAPITRE I.

Serait-il avantageux, pour l'état, de diminuer les intérêts de la dette d'un cinquième, en accroissant le capital d'un tiers?

La théorie, l'expérience, les calculs, repoussent avec une égale force et réprouvent un pareil système.

SECTION Ire.

La théorie confirmée par l'expérience.

Dans ma seconde lettre à M. le comte de Villèle, j'ai fait connaître la doctrine du chevalier Stewart, du docteur Price, de M. Robert Hamilton, qui s'accordent à proscrire la réduction de l'intérêt des dettes publiques avec accroissement du capital. Ces autorités imposantes ne sauraient être infirmées. Je puis, toutefois, en citer de plus directes encore, et qui peut-être paraîtront plus puissantes, parcequ'elles ne se fondent pas sur le raisonnement seul, sur la pure spéculation, mais sur des faits et sur une pratique vivante, dont nous pouvons être témoins si nous voulons ouvrir les yeux.

Les effets de l'amortissement , par la puissance de l'intérêt composé , sont d'autant plus rapides que l'intérêt des capitaux à éteindre se trouve plus élevé. Ainsi, 100 millions produisant un intérêt de 6 pour o/o seront plus tôt rachetés par une caisse d'amortissement dotée d'un million par an , que s'ils produisaient seulement un intérêt de 3 pour o/o : la raison en est évidente. Chacun peut comprendre aisément que la caisse , plaçant chaque année à 6 pour o/o son million et les intérêts successifs , se procurera plus vite les 100 millions à rembourser , qu'en plaçant ce même million et les intérêts à 3 pour o/o. Les tableaux qui accompagnent ma seconde lettre à M. de Villèle fournissent au besoin une démonstration matérielle , à laquelle je crois pouvoir renvoyer.

Cela ne veut pas dire qu'en empruntant un capital déterminé on doive stipuler de hauts intérêts, afin de se libérer plus vite avec la même dotation; car on perdrait d'un côté par le paiement de ces intérêts exagérés, plus qu'on ne gagnerait de l'autre par les effets de l'amortissement; mais cela prouve qu'en négociant un emprunt, il est beaucoup plus avantageux d'élever l'intérêt dans une proportion donnée que de se reconnaître débiteur d'un capital supérieur dans la même proportion , à celui que l'on reçoit. Cela prouve qu'une dette étant constituée, et l'amortissement établi, les opérations qui tendent à diminuer le capital, en accordant, avec une juste mesure, des avantages sur l'intérêt, sont beaucoup plus utiles que celles qui auraient pour objet de diminuer l'intérêt, en accordant un accroissement de capital, même également modéré. Cela prouve, surtout, que les mesures de ce dernier genre deviennent absurdes autant que désastreuses, quand on propose un accroissement aussi exorbitant que celui de 33 francs un tiers pour la diminution d'un franc d'intérêt.

Cette observation inspira au chevalier Stewart l'idée de proposer des combinaisons au moyen desquelles on pouvait réduire le capital de la dette anglaise, en ajoutant quelque chose à l'intérêt. Les 3 pour o/o se seraient successivement convertis en 4 et en 5 pour o/o, et le capital aurait toujours diminué.

Ce fut le même plan que le docteur Price développa, en l'appuyant de moyens d'exécution plus immédiats, et en le liant au système de l'amortissement, dont il voulait ne faire commencer l'action qu'après avoir élevé l'intérêt des dettes à 5 pour o/o. Parmi toutes les conceptions de Price, c'est celle-ci qui a obtenu les suffrages les plus constants et les moins contestés. On a regretté que M. Pitt ne l'eût pas adoptée, on reconnaît qu'il aurait pu, en la réalisant, épargner à l'Angleterre des sommes immenses, et quoiqu'en ce moment

l'énormité et le cours de la dette anglaise per-
mettent peu d'espérer qu'on en pourra profiter,
elle domine les pensées de ceux qui, dans la
Grande-Bretagne, s'occupent de finances. On la re-
trouve dans les auteurs les plus modernes, les plus
renommés, dans ceux que l'on considère comme
les organes les plus accrédités du gouvernement;
on en a fait, avec succès, l'application en Irlande,
et le même succès a couronné un essai que le ministère en fit aussi pour l'Angleterre en 1818.

Tout le monde connaît un grand ouvrage de
M. Colquhoun sur la puissance et la richesse de
l'empire britannique dans les quatre parties du
monde. La réputation de ce livre est européenne;
il a été rédigé sur des documents officiels et sous
l'inspiration des ministres. Voici comment il s'exprime : « Si tous nos fonds pouvaient être convertis
» en 5 pour o/o, avec faculté de les racheter au
» pair, un grand avantage résulterait pour la nation
» d'une telle mesure de finances, parceque, d'une
» part, elle simplifierait beaucoup notre système,
» tandis que, d'un autre côté, elle ferait jouir l'é-
» tat du droit qui appartient à chaque particulier
» dans les transactions privées, celui de se libérer
» de ses dettes en payant à son créancier la même
» somme qu'il en a reçue (1). »

____

(1) Page 290.

Ce passage prouve combien en Angleterre doit sembler étrange une opération qui ajoute un milliard au capital de notre dette, pour procurer un retranchement temporaire de quelques millions annuels, en convertissant les 5 pour o/o en 3 pour o/o; il prouve combien dans ce pays on est éloigné de prodiguer la fortune de l'état, pour élever les fonds publics au-dessus de leur taux naturel et pour s'imposer la nécessité de payer plus qu'on ne doit.

Si on doutait que les opinions de M. Colquhoun fussent celles du ministère anglais, que l'on considère ce qui se passa en 1818.

Le chancelier de l'échiquier, présentant au parlement le budget de l'année, annonça qu'il avait imaginé d'appliquer à l'Angleterre *une mesure essayée avec succès en Irlande,* c'est-à-dire de faire convertir une portion des rentes à 3 pour o/o, en rentes à 3 et demi, en faveur des propriétaires souscripteurs qui, pour jouir de cette augmentation d'intérêts, voudraient verser au trésor onze livres sterling pour o/o. Cette opération devait procurer, pour les ressources de l'année, 3 millions sterl. (environ 75 millions de fr.), *sans rien ajouter au capital nominal de la dette.*

N'y a-t-il pas bien loin d'un système où on reçoit 11 liv. sterl. pour ajouter un demi pour o/o à l'intérêt d'une dette, sans en accroître d'une obole

le capital, à un système où on ajoute 33 francs un
tiers au capital d'une dette, pour obtenir sur l'intérêt une diminution d'un pour o/o?

Le projet du ministre anglais réussit complètement ; et voici comment il en est parlé
dans *l'état de l'Angleterre* au commencement
de 1822 , publié par ordre du ministère de
sa majesté britannique. « La justice veut que
» le chancelier de l'échiquier n'omette point dans
» l'histoire financière de cette année (1818)
» l'utile expédient dont il s'aida, dans les voies
» et moyens. . . . . . . Trois millions furent pro-
» curés par la vente et le transfert de capitaux, *por-*
» *tés à un plus haut intérêt.* La difference de la va-
» leur des deux capitaux étant payee au gouverne-
» ment pour l'échange, cet échange fut fait des
» fonds à 3 pour o/o aux fonds à 3 et demi. Le ré-
» sultat de cette opération fut d'obtenir des valeurs
» jusqu'à concurrence des sommes requises , sans
» *augmenter le capital même de la dette.* »

Comme nous faisons une opération, non seulement contraire , mais exagérée sans mesure dans
un sens opposé à celle qui vient d'être rappelée, si
la nôtre est jugée bonne, il faudra bien que le
chancelier de l'échiquier d'Angleterre convienne
qu'il eut tort de s'applaudir de la sienne.

Je suis toutefois porté à croire qu'il serait
difficile de faire changer son opinion, sanction-

née par le suffrage de toute la Grande-Bretagne.

La maxime de ce pays, citée par M. le comte Roy, dans son éloquent discours du 4 mai 1824 à la chambre des pairs, est que le ministère doit diriger ses opérations, « en achetant, en échangeant » et en diminuant les fonds publics, *de manière à* » *réduire le capital de la dette à un fonds nominal* » *moins considérable.* »

On voit que, dans la terre classique du crédit, le capital nominal de la dette est compté pour quelque chose, puisqu'on y met tant de prix à le diminuer, même en augmentant l'intérêt. Mais nous avons aujourd'hui des principes bien différents; car le capital ne nous importe guère, et l'accroître d'un milliard nous paraît une bagatelle. Nous trouvons qu'au prix d'un milliard ou de 33 1/3 sur le capital, la remise d'un pour cent sur l'intérêt n'est pas payée trop cher!....

Ne désespérons pas cependant, de voir la maxime anglaise importée dans notre pays, ou plutôt tremblons déjà de l'y voir poussée à l'extrême et jusqu'à l'absurde, comme tant d'autres systèmes empruntés à nos voisins. Tels seront bientôt en effet les vœux de l'agiotage, si le projet de loi sur les rentes est adopté.

Le ministre des finances, voulant répondre à une observation assez embarrassante de M. Casimir

Périer, a dit le 26 février, à la chambre des députés :

« L'amortissement ne spécule pas sur les fonds. »Il achète, dans l'intérêt de l'état, la rente au taux »le plus bas, *pour améliorer le capital.* » Voilà bien la maxime anglaise : celle que M. le comte Roy fit prévaloir à la chambre des pairs, il y a peu de mois, et le chancelier de l'échiquier lui-même ne se serait pas mieux exprimé, si ce n'est que peut-être il aurait dit, pour parler avec une rigoureuse exactitude : *au taux le plus bas relativement à l'intérêt de chaque fonds.*

Mais quoi! l'amortissement doit avoir pour objet d'améliorer le capital, et vous travaillez avec une aveugle ardeur à détériorer ce capital par une surcharge d'un tiers, par une surcharge d'un milliard! et vous opérez cette détérioration par une mesure qui diminue de deux cinquièmes, au préjudice de l'amortissement, la puissance de l'intérêt composé!.... Vingt ans d'efforts et de sacrifices ne suffiront pas pour réparer le mal que vous allez faire en violant le principe que vous venez de proclamer.

Ah ! je crains bien que ce principe, si juste en lui-même et dont on peut cependant abuser, comme on abuse de tout, ne soit intempestivement sorti de l'arsenal où les spéculateurs tiennent des arguments en réserve pour prouver au ministre, quand ils auront obtenu des 3 pour o/o, que la caisse d'amortissement doit les racheter à 80, à 85, à 90 peut-être, plutôt que des 5 pour o/o à 99 ou à 100.

Après nous avoir imposé un milliard, en lui faisant admettre que le capital n'est rien et que c'est l'intérêt qu'il faut *améliorer*, ils s'efforceront de lui persuader, pour s'emparer plus promptement du milliard, *qu'il faut à tout prix,* aux prix les plus extravagants, *améliorer le capital,* parceque c'est l'intérêt qui n'est rien.

Je dénonce dès aujourd'hui cette manœuvre, et en prenant acte des sages paroles de M. le comte de Villèle, pour combattre son projet de conversion, comme il a pris acte de celles de M. Périer pour le défendre, je proteste d'avance contre l'abus que, dans la suite, l'agiotage en voudra faire.

En attendant l'époque, facile à prévoir, où nous aurons à réclamer contre l'application trop étendue d'un principe qu'on méconnaît en proposant la loi de conversion et dont on exagèrera les conséquences pour l'exploiter, reconnaissons, du moins, que ce principe est solidement établi, par le suffrage unanime des plus célèbres écrivains, par l'expérience de l'Irlande, par celle de l'Angleterre, et même par l'assentiment de M. le comte de Villèle. Reconnaissons que tous ces écrivains, en proscrivant les réductions de rente avec accroissement de capital, ont proposé, au contraire, la réduction du capital, au moyen d'un accroissement modéré de la rente ; que les ministres de la Grande-Bretagne ont adopté ce dernier système; qu'ils se sont félicités de l'avoir suivi, et que par conséquent le projet soumis aux chambres choque à la fois les opinions les plus généralement respectées, les principes les mieux démontrés, la pratique la mieux éprouvée.

J'ai entendu quelques personnes, superficiellement versées dans l'histoire des finances de l'Angleterre, alléguer que M. Pitt a fait presque tous ses emprunts sur des 3 pour o/o avec accroissement de capital. Le fait est vrai; mais il nous fournit la démonstration la plus frappante qu'il soit possible de présenter contre ce mode d'emprunt.

Et d'abord, ce ne fut pas volontairement que M. Pitt l'adopta ; ce fut malgré lui. Ce fut avec un mortel chagrin, et après d'inutiles efforts pour emprunter sur des intérêts plus élevés, sans ajouter à la dette une si grande masse de capitaux.

Il offrait de constituer 5 liv. st. d'intérêt pour un capital de 100 liv. On lui répondait : Nous consentons bien à ne recevoir pour nos 100 livres que 5 livres d'intérêt ; mais nous voulons ces 5 livres dans les 3 pour o/o, afin de n'avoir pas à craindre une réduction ou un remboursement. Et on le forçait ainsi à constituer une dette en capital de 166 livres, pour 100 livres qui entraient au trésor (1). On était au milieu des flammes de la guerre ; il fallait de l'argent comme de l'air ; M. Pitt accorda tout et devait tout accorder pour en avoir.

Combien de fois cependant il regretta d'avoir trouvé les intérêts de la dette anglaise réduits à 3 pour o/o, et de n'avoir pu les ramener à 5 pour o/o, suivant l'avis du docteur Price! Combien de fois il s'affligea de cette fameuse réduction de Mr Pelham, en 1749, quoiqu'elle eût été faite sans aucune augmentation de capital, à une époque où les fonds publics, sans amortissement et par la seule concurrence des capitalistes, étaient à 30 pour o/o au-dessus du pair! Combien il aurait souhaité qu'à cette époque on eût réussi à réduire le capital, au lieu de réduire l'intérêt !

Il se trouvait dans la position où j'ai dit que se trouvera le ministère français, s'il est forcé par

---

(1) En réduisant à un taux commun toutes les dettes contractées en Angleterre, dans l'espace de 29 ans, du 5 janvier 1793 au 5 janvier 1822, on trouve qu'il a été constitué 168 livres de capital à 3 pour o/o pour chaque somme de 100 livres empruntée.

une guerre à faire des emprunts quand il aura réduit sa dette à 3 pour o/o (1).

Désespéré de subir ainsi la loi, désespéré de
surcharger l'état de capitaux immenses, que
ne fît-il pas pour sortir de cette position cruelle !

En 1796, il s'adresse au patriotisme, à la géné-
rosité, à loyauté des Anglais; et que leur de-
mande-il? de faire à l'état un prêt à 5 pour o/o,
en se contentant d'un bénéfice de 10 pour o/o sur
le capital, au lieu d'exiger un accroissement de 50,
ou 60 pour o/o, comme dans les emprunts à 3....
Le succès fut complet; on lui prêta 18 millions de
livres sterl., et cet emprunt à 5 pour o/o, que les
Anglais nommèrent l'emprunt de loyauté, fut le
moins onéreux de tous ceux que l'Angleterre con-
tracta pendant le cours de la guerre, parceque ce
fut celui qui fut fait sur le plus haut intérêt (2).

M. Pitt aurait bien voulu renouveler cette opération; mais, après un élan de patriotisme, les

---

(1) *Seconde lettre à M. le comte de Villèle*, pag. 52.

(2) M. Pitt racontait que jamais les plus grands revers,
les plus cruelles sollicitudes ne l'avaient privé de son
sommeil; mais que la joie du succès de son emprunt de
loyauté l'avait empêché de dormir pendant plusieurs nuits.
Il se flattait d'avoir ramené le système des emprunts sur
un intérêt de 5 pour o/o, avec peu ou point de sacrifices
sur le capital.

prétentions des capitalistes se réveillèrent, et il fallut revenir aux 3 pour o/o. Le ministre, alors, pour éviter, autant qu'il était possible, des transactions si ruineuses, eut recours à des moyens extrêmes. Le premier fut d'imposer la fameuse taxe du dixième sur tous les revenus ; le second de mettre en vente la contribution foncière, en autorisant le rachat de la taxe des terres.

On serait donc bien mal fondé à invoquer l'autorité de M. Pitt en faveur des emprunts sur bas intérêts avec accroissement de capitaux ; ils sont chargés de ses anathèmes.

Les résultats déplorables de ces sortes d'opérations ont été produits devant les chambres de la Grande-Bretagne en 1822.

Un document parlementaire qui présente avec une précision singulière tout le mouvement de la dette et de l'amortissement, en Angleterre, depuis 1793 jusqu'en 1822, établit les faits suivants (1) :

Du 15 janvier 1793 au 6 janvier 1817, les dépenses de tous les services, en Angleterre, y compris 58,164,719 livres sterl. de subsides aux puissances étrangères, et à l'exclusion seulement des charges produites par les emprunts faits dans le

---

. (1) J'ai traduit ce document pour le publier avec un travail sur le crédit public.

même intervalle, se sont élevés à. 1,304,913,074

Les recettes produites par les contributions et les ressources accidentelles, à l'exclusion des emprunts, se sont portés à. 1,166,564,034

Ainsi les dépenses n'ont excédé le produit des revenus publics que de. . . . . 138,349,040 C'est un déficit annuel équivalent à 5,760,000 pendant vingt-quatre ans.

Eh bien! c'est pour remplacer cette somme de 138,349,040, c'est pour couvrir ce déficit annuel de 5,760,000 livres, que l'Angleterre, dans le cours de vingt-quatre années, en empruntant à 3 pour o/o avec accroissement de capital, a augmenté sa dette de 603,449,859 livres sterl. (1), avec une charge annuelle et perpétuelle 22,312,370 livres sterl. (2).

L'auteur du document que je cite, après les développements dont je viens de faire connaître les résultats, s'exprime en ces termes : « Chacune de » ces circonstances peut faire comprendre que le » système financier de la Grande Bretagne est fondé » sur de faux principes, produisant des conséquen-

---

(1) 13,186,246,375 francs.
(2) 557,888, 250 francs.

» ces ruineuses et fatales , autant que son système
» d'amortissement est fallacieux et illusoire. »

Que l'on vante maintenant ce système ; qu'on le
suive, qu'on l'exagère '... l'Angleterre l'abandonne,
son ministère l'a officiellement annoncé (1); mais
elle va l'exploiter chez les autres peuples....
Elle offre à toute la terre de l'argent à bas intérêt,
avec accroissement de capital.... Et nous aurions
la folie de nous livrer à l'exploitation de ses banquiers.... Nous aurions la folie de faire, de propos délibéré, sans aucune nécessité qui nous domine, pour des banquiers étrangers, ce qu'à peine
elle se pardonne d'avoir fait au profit de ses propres capitalistes, quand il s'agissait pour elle ou
de périr ou d'étendre son trident sur l'univers !...

J'en appelle aux réflexions de nos ministres, que
trop de zèle précipite dans une si fausse direction.
Nous allons voir que les calculs les plus simples
condamnent, comme les principes, comme les
faits, la conception malheureuse qu'ils ont adoptée.

---

(1) *On peut affirmer avec confiance* a dit le chancelier de l'échiquier dans l'état de l'Angleterre , au commencement de 1822, *que le système des emprunts et
des taxes nouvelles a pris fin.* Il ne pouvait pas s'exprimer avec plus de convenance et de clarté.

·J'ose me flatter de mettre cette vérité dans une telle évidence, que tout le monde pourra la saisir.

SECTION II.

Calculs.

En 1824, je publiai, avec ma Seconde lettre à M. le comte de Villèle, le double tableau des opérations de la caisse d'amortissement, agissant sur 140 millions de rentes à 5 pour o/o et sur 112 millions à 3 pour o/o au pair. Aucune méthode ne pouvait conduire avec plus de certitude aux résultats de la mesure soumise aux chambres par le ministère.

Mes tableaux établirent qu'en rachetant des 5 pour o/o au pair, une caisse dotée de 80 millions annuels éteindrait en vingt ans les 140 millions de rente qu'on voulait réduire, tandis qu'en rachetant, avec la même dotation, des 3 pour o/o, aussi au pair, elle n'éteindrait, dans le même espace de temps, sur les 112 millions réduits, que 67,298,000 francs, en sorte que l'état resterait encore alors débiteur de 44,702,000 de rente, représentant à 3 pour o/o un capital de 1,490,000,000.

Cette démonstration était décisive. Mes calculs ne furent point attaqués, et ne pouvaient pas l'être.

Les défenseurs du projet ministériel en reconnurent eux-mêmes l'exactitude; mais ils objectaient que la caisse d'amortissement ne pourrait pas nous libérer au pair des rentes 5 pour o/o, parcequ'elle devait les acheter au cours illimité de la bourse.

Les calculs sont justes, disait un orateur..., mais la caisse d'amortissement ne peut opérer sur les 5 pour o/o au pair, puisque l'opinion porte le capital de ces rentes de 122 à 124.

Il est impossible, s'écriait le rapporteur de la commission de la chambre des députés, il est impossible d'imaginer rien de plus subversif de notre système de crédit que la proposition de *suspendre les rachats de la caisse d'amortissement au-dessus du pair; rien qui rebroussât davantage sur la voie des améliorations;* rien, au reste, qui fût plus impraticable.

Soutenant le même système, le Moniteur établissait un parallèle entre des rachats de 3 pour o/o à 85 fr. 71 cent. et des rachats de 5 pour o/o à 142 fr. 86 cent.

Enfin, le ministre lui-même, trompé sur un fait grave, ainsi que sur le principe qu'il croyait devoir défendre, affirmait à la chambre des députés que la caisse d'amortissement, en Angleterre, achetait des 4 pour o/o à 108; et, à la chambre des pairs, que celle de France devant acheter toujours nos rentes au cours du jour, *son action était la même sur des 3 ou sur des 5.*

Cependant, son excellence a reconnu depuis qu'on l'avait induite en erreur; aussi a-t-elle franchement abandonné son système sur ce point, en se réservant, pour le succès de ses desseins, l'appui du système contraire.

En effet, l'article 3 du nouveau projet de loi interdit à la caisse d'amortissement tout rachat au-dessus du pair, et c'est le principal moyen sur lequel on a compté pour contraindre les créanciers de l'état à convertir leurs rentes en 3 pour o/o.

Nous aurons occasion de remarquer plus tard l'habileté qu'il peut y avoir à faire dériver la même conséquence de deux propositions contradictoires; pour le moment il me suffit d'établir que la caisse d'amortissement se trouvant ramenée par le ministère dans les limites qu'elle n'aurait jamais dû franchir, le gouvernement peut et doit, dès aujourd'hui, assurer notre libération au pair, soit par voie de rachat, soit par voie de remboursement, avec les fonds de cette caisse.

Alors les 140 millions de rentes qu'on a proposé de soumettre à la réduction, ne pourront jamais nous coûter un capital qui excède 2 milliards 800 millions; mais alors aussi, toute mesure de finances qui tendrait à nous grever d'un capital plus fort doit être repoussée; car nous ne pouvons attribuer au gouvernement ni la volonté ni le pouvoir de rien ajouter, sans nécessité, aux charges, déjà si pesantes, que les malheurs des temps nous ont imposées.

Or, je ne crains pas de défier que l'on présente une combinaison au moyen de laquelle, après la conversion qu'on propose, notre libération puisse être obtenue pour cette même somme de 2,800,000,000, à moins qu'on ne choisisse comme taux moyen de rachat des 3 pour o/o un prix si bas qu'il supposerait la subversion entière du crédit public.

Ce taux moyen fut fixé à 87 fr. 50 c. dans un écrit distribué officiellement à la chambre des pairs (*Le milliard perdu et retrouvé*), et dans un discours du ministre des finances à la même chambre. Je suis persuadé qu'il s'élèvera au-dessus de 90.

Si le cours des 3 pour o/o descend très bas, comme tout me porte à le croire, après la fièvre de hausse qu'on excite; si pendant quelques années il reste au-dessous de 90; nous le verrons incontestablement au-dessus de ce prix, nous le verrons incontestablement au pair ou très près du pair, quand on aura racheté le tiers, le quart, la moitié de la dette. Telle est, sans doute, l'opinion du ministre des finances lui-même, puisqu'il a fait espérer aux émigrés, en proposant la loi, que les rentes 3 pour o/o ne resteraient pas trop long-temps *à un taux éloigné du prix nominal pour lequel elles leur seront données.*

Je pourrais donc me borner à comparer le rachat au pair des 140 millions 5 pour o/o réductibles, avec le rachat au pair et à 90 des 112 millions 3 pour o/o que l'on veut constituer; mais, pour aller au-devant de toutes les objections, j'ai fait cette même comparaison avec le rachat des 3 pour o/o aux taux moyens de 87, 5o et 85. On va voir à quelles charges seront inévitablement soumis les contribuables qu'on prétend soulager, si la conversion a lieu.

*Rachat de 140 millions de rente 5 pour o/o
au pair.*

Avec une dotation de 80 millions, la caisse d'amortissement rachète, en vingt ans et demi moins six jours, 140 millions de rente 5 pour o/o; et les paiements à faire par l'état, dans le cours de cet espace de temps, sont ainsi qu'il suit :

1° 140 millions d'annuités payables pendant vingt ans cinq mois et vingt-quatre jours, soit aux rentiers, soit à la caisse d'amortissement qui aurait acquis leurs créances. . . . . 2,867,000,000.

2° 80 millions de dotation pen-

Report: 2,867,000,000.

dant vingt ans cinq mois et vingt-
quatre jours. . . . . 1,638,000,000.

Les contribuables auront donc
à payer. . . . . 4,505,000,000.

Voici maintenant les paiements que l'état devra
faire, s'il est constitué débiteur de 112 millions
de rente 3 pour o/o, en supposant successivement le rachat au pair à 90, à 87 fr. 50, à 85 fr.

Rachat de 112 *millions de rente* 3 *pour* o/o.

Au pair. La dette serait éteinte en vingt-neuf ans
quatre mois et demi, et l'état alors aurait payé :

1° 112 millions d'annuités pendant vingt-neuf ans quatre mois et
demi aux rentiers ou à la caisse
d'amortissement, qui aurait ac-
quis leurs créances. . . . . 3,289,000,000.

2° 80 millions de dotation à la
caisse d'amortissement pendant
vingt-neuf ans quatre mois et
demi. . . . . 2,350,000,000.

TOTAL. . . . . 5,639,000,000.

La libération de 140 millions de
rente 5 pour o/o au pair aurait
coûté. . . . . 4,505,000,000.

Excédant à payer par les con-
tribuables. . . . . 1,134,000,000.

Report : 1,134,000,000.

Ajoutons pour l'assiette, le recouvrement, le transport, le paiement de cet excédant, à raison
de 10 pour o/o. . . . . 113,000,000.

Pertes résultant de la réduction
pour les contribuables. . . . , . 1,247,000,000.

Perte pour les rentiers : 28 millions de rente au capital de. . . 560,000,000.

Perte totale des sujets du roi,
au profit des étrangers et de l'a-
giotage, sans compter les intérêts

composés. . . . . 1,807,000,000.

A 90 *pour* o/o. Au cours moyen de 90 pour o/o,
112 millions de rente 3 pour o/o, seraient éteints
en 26 ans et demi moins six jours, et l'état paierait :

1° 112 millions d'annuités pendant vingt-six ans cinq mois et
vingt-quatre jours aux rentiers, ou
à la caisse d'amortissement qui
aurait acquis leurs créances. . . 2,966,000,000.

2° 80 millions de dotation pendant vingt-six ans cinq mois et
vingt-quatre jours à la caisse d'a-
mortissement. . . . . 2,119,000,000.

5,085,000,000.

Report : 5,085,000,000.

La libération de 140 millions de rente 5 pour o/o aurait coûté. . 4,505,000,000.

Excédant à payer par les contribuables. . . . . 580,000,000.

Assiette, recouvrement, transport et paiement de cet excédant à 10 pour o/o. . . . . 58,000,000.

Perte résultant de la réduction pour les contribuables. . . . . . 638,000,000.

Perte des rentiers, 28 millions de rente. . . . . 560,000,000.

erte totale des sujets du roi, au profit des étrangers et de l'agiotage, sans compter les intérêts composés. . . . . .1,198,000,000. .

A 87 50 *pour* o/o. 112 millions de rente 3 pour o/o seraient rachetés en vingt-cinq ans neuf mois et quatre jours ; l'état paierait :

1° 112 millions d'annuités pendant vingt-cinq ans neuf mois et quatre jours, aux rentiers ou à la caisse d'amortissement. . . . . . 2,885,000,000.

2° 80 millions de dotation à la caisse d'amortissement pendant 25 ans 9 mois et 4 jours. . . . . . 2,061,000,000.

4,946,000,000.

3.

Report : 4,946,000,000.

La libération de 140 millions de
rente 5 pour o/o aurait coûté . . 4,505,000,000.

Excédant à payer par les contri-
buables. . . . . 441,000,000.

Assiette, recouvrement, transport et paiement de cet excédant
à 10 pour o/o. . . . . 44,000,000.

Perte résultant de la réduction
pour les contribuables. . . . . . 485,000,000.

Perte des rentiers : 28 millions
de rente . . . . 560,000,000.

Perte totale des sujets du roi,
au profit des étrangers et de l'a-
giotage , sans compter les intérêts
composés. . . . . 1,045,000,000.

A 85 *pour* o/o. 112 millions de rente seraient
éteints en vingt-cinq ans et six jours. L'état paierait :

1° 112 millions d'annuités ,
pendant vingt-cinq ans et six jours,
aux rentiers ou à la caisse d'amortissement, qui aurait acquis leurs
créances. . . . . 2,801,000,00.

2° 80 millions à la caisse d'amortissement, pendant 25 ans et 6 j. 2,001,000,000.

4,802,000,000.

Report : 4,802,000,000.

La libération de 140 millions
de rente 5 pour o/o aurait coûté. 4,505,000,000.

Excédant à payer par les contribuables. . . . . 297,000,000.

Assiette , recouvrement , transport et paiement de cet excédant à
10 pour o/o. . . . . 29,000,000.

Perte résultant de la réduction
pour les contribuables. . . . . . 326,000,000.

Perte des rentiers, 28 millions
de rente. . . . . 560,000,000.

Perte totale des sujets du roi,
au profit des étrangers et de l'a-
giotage, sans compter les intérêts
composés. . . . . 886,000,000.

Je suis descendu au-dessous des suppositions
des défenseurs du projet, en calculant le rachat des
3 pour o/o au cours de 85 ; et à mes yeux, je le ré-
pète, il n'est pas possible que, si nous avons la paix,
il s'exécute au-dessous du cours moyen de 90, qui
produit une perte d'environ douze cents millions.

En admettant même le cours de 87 50, officiellement adopté dans *Le milliard perdu et retrouvé*,
officiellement accepté par le ministre à la chambre des pairs, la perte excéderait encore un milliard 45 millions.

On a dit sans cesse qu'une épargne de 28 millions par an, résultant de l'opération, représentait au profit des contribuables un capital de 560 millions; mais il est bien évident que cette économie n'est qu'illusoire, et qu'on ne prend les 28 millions annuels aux rentiers que pour donner beaucoup plus aux agioteurs, puisque les contribuables, dans l'hypothèse la plus favorable, auront à payer après l'opération beaucoup plus que si elle n'était pas faite.

A Dieu ne plaise que je veuille accuser des intentions que je respecte, et auxquelles je n'ai jamais cessé de rendre justice; mais j'accuse une grande erreur, une erreur colossalement funeste, une erreur qui prépare à la France la plus grande plaie dont une nation ait jamais été frappée, au sein de la paix et de la prospérité, dans ses intérêts financiers, dans ses intérêts politiques, et dans ses intérêts moraux.

C'est pour la première fois qu'en matière de finances on repousse les calculs, on proscrit les chiffres, on refuse de compter.

C'est pour la première fois qu'on propose une immense opération, sans pouvoir assigner une seule chance, une seule combinaison positive, qui promette un résultat avantageux.

C'est pour la première fois que, dans un grand royaume, on dit aux grands corps de l'état: Permettez que l'on fasse perdre à une partie des sujèts du roi 28 millions de rentes, à condition que l'on accroîtra de plusieurs centaines de millions les charges des autres sujets du roi.

C'est enfin pour la première fois qu'il est question chez un peuple éclairé, de créer un milliard de dette nouvelle, sans avoir aucun besoin, sans faire aucun emprunt, sans procurer un centime aux caisses du trésor, et avec la seule perspective d'enrichir des étrangers, de ruiner cent mille familles de rentiers déjà pauvres, et d'accroître, d'étendre, d'éterniser en France le honteux scandale de l'agiotage.

Tous les nobles sentiments qui parlent au cœur de l'homme de bien, tous les sentiments qui l'attachent à son prince, à son pays, aux lois sacrées de la justice et de la morale, pourraient-ils ne pas se soulever contre un système si désastreux !.... Quel est parmi les députés de la France, parmi les nobles pairs du royaume, celui qui voudrait garder sur son cœur, jusqu'à la fin de sa vie, ce cruel souvenir : *J'ai concouru à grever arbitrairement la France d'un milliard, au profit de l'agiotage ?*

SECTIONS III.

Réfutations.

Beaucoup d'efforts ayant été faits pour jeter de

l'obscurité, par des assertions vagues ou contradictoires, sur quelques points décisifs de la discussion
relative à la conversion des rentes, je suis heureux
de pouvoir saisir ces points importants, présentés
avec précision et sincérité, dans l'ouvrage le plus
remarquable qui ait été publié pour la défense du
projet de 1824. On voit bien que je veux parler des
Réflexions sur la réduction de la rente par M. Laffitte. Personne sans doute ne contestera ni les intentions loyales, ni le talent distingué de l'écrivain.
Il a traité la matière avec toutes les ressources d'un
esprit facile et d'un calculateur exercé, mais sous
le charme d'une trompeuse illusion. Ses considérations générales sont presque toujours justes, ses
vues d'économie publique presque toujours ingé-
nieuses, et s'il tire souvent de ses observations des
conséquences inadmissibles, du moins quand il
arrive à des faits, à des résultats positifs, la droi-
ture de sa conscience le ramène à la vérité, et la
vérité, sans qu'il s'en aperçoive, se trouve contraire à son système...

§ Ier.

Il y a contradiction, suivant les défenseurs du
projet, à soutenir que la conversion des rentes
serait également préjudiciable aux rentiers et aux
contribuables, et M. Laffite a présenté cette objection sous une forme piquante, en disant, dans

ses Réflexions, page 95, *entre les rentiers et les contribuables il n'y a personne.*

L'honorable écrivain reconnaîtra sans doute facilement son erreur.

Entre les rentiers et les contribuables, il y a les banquiers, les spéculateurs, les agioteurs, les capitalistes.

Les banquiers, qui font un office honorable quand ils se bornent à servir d'intermédiaires pour rapprocher les capitalistes de l'administration et les capitaux des besoins.

Les spéculateurs, qui placent leurs fonds sur des rentes et qui les déplacent, suivant les circonstances, en vue des bénéfices que peuvent leur procurer la hausse ou la baisse des effets publics.

Les agioteurs, qui, sans posséder des rentes et sans vouloir en posséder, ne font de leurs spéculations qu'un jeu sur les différences.

Les capitalistes, qui, directement ou par l'intermédiaire des banquiers, prêtent leur argent sur des rentes à ceux qui font de l'agiotage.

C'est dans les trois dernières classes qu'il faut évidemment ranger tous les étrangers qui s'étaient coalisés l'année dernière pour contraindre les créanciers de l'état à subir la conversion, et c'est cette coalition, concurremment avec les capitalistes, les spéculateurs et les agioteurs habituels de la place, qui aurait profité de tous les sacri-

fices imposés soit aux contribuables, qui ne savent que payer ce qu'on leur demande , soit aux
rentiers , qui se bornent à recevoir ce qu'on leur
doit. La perte de 28 millions de rente, pour ces
derniers, n'était pas douteuse, et ils n'auraient pu
aspirer à la diminuer qu'en se jetant dans l'arène
périlleuse de la bourse , au risque d'y laisser leur
capital tout entier : les contribuables devaient
donc perdre, sans aucune compensation , tout ce
qu'aurait coûté l'accroissement du capital , et les
rentiers devaient sacrifier sans retour leurs 28 millions de rente, ou s'exposer à perdre beaucoup
davantage en cessant d'être rentiers pour devenir
spéculateurs ou agioteurs.

§ II.

Le grand avantage dont on flattait la France et
dont on s'efforçait d'éblouir les chambres , était
celui de faire baisser partout le taux de l'intérêt en
refoulant des capitaux immenses vers l'industrie
et l'agriculture. Pour apprécier ces brillantes promesses, il suffit de voir comment l'opération est
analysée par M. Laffitte.

Suivant lui, 15 millions de rente environ devaient être déclassés..... « et c'était, dit-il , un ca-
»pital de 300 millions qui allait partout exciter et
»encourager le travail..... Les étrangers venaient

» occuper la rente pendant le moment de l'opéra-
» tion, braver ses variations, *et se retirer ensuite*
» *avec les profits de son élévation,* en la livrant aux
» rentiers français, qui auraient fini, comme tou-
» jours, par en être les derniers propriétaires.....
» Une fois les étrangers et les spéculateurs retirés,
» et leurs trois ou quatre cents millions remplacés
» par des capitaux sédentaires, on revenait sans
» doute au même point qu'auparavant. 3oo mil-
» lions s'étaient dirigés vers l'industrie; 3oo autres,
» pris sur les grands marchés et surtout chez les
» étrangers, les avaient momentanément suppléés;
» et enfin, 3oo millions étaient venus occuper défi-
» nitivement la place originairement vacante : il
» n'y avait donc rien de changé en apparence, car
» la masse était toujours la même ; mais *si elle ne*
» *s'était pas accrue, elle s'était mue* : et dans l'in-
» dustrie, comme dans la nature entière, la vie
» n'est que mouvement : cette masse avait tout ra-
» nimé sur sa route : comme un liquide fortement
» injecté, elle avait pénétré les moindres détours ,
» rempli tous les vides, et répandu partout l'acti-
» vité et la vie. »

Il y a sans doute dans ces dernières phrases
beaucoup d'esprit ; mais y a-t-il autre chose?.....
Qui voudra croire qu'il puisse jamais être utile à
la France de créer un milliard de dette pour atti-
rer temporairement 3oo millions de fonds étran-

gers qui viendraient forcer le cours de notre rente, *et qui se retireraient ensuite avec les profits de son élévation?* Je demande encore si, après cette opération, la masse de nos capitaux se trouverait la même qu'auparavant ? Non, sans doute, puisqu'elle serait réduite de 2 ou 3oo millions de bénéfice, emportés sur notre milliard par les étrangers.

Il ne faut donc pas dire, *elle ne se serait pas accrue* mais *elle se serait mue,* il faut dire : *elle se serait mue et diminuée...* Est-ce un tel mouvement qui constitue la vie ? ou n'est-ce pas plutôt celui qui l'use et la détruit ? C'est cependant ce mouvement seul qu'on nous propose d'acheter au prix d'un milliard.

L'analyse que j'avais présentée dans ma Seconde lettre à M. le comte de Villèle, page 34 et suivantes, s'accorde en tout point avec celle de M. Laffitte; seulement j'en tirais une conséquence opposée, une conséquence qui me paraît aujourd'hui plus que jamais complètement démontrée et sur laquelle j'insiste : c'est que l'exécution du projet qu'on a conçu enlèverait d'abord à notre industrie deux à trois cents millions qui passeraient chez l'étranger à titre de bénéfice et la priverait ensuite de tous les capitaux qui seraient plus rapidement dégagés de la rente par la caisse d'amortissement dans le système des 5 pour o/o que dans le système des 3 pour o/o. Cette seconde perte serait en dix ans de 5oo millions ; on peut le vérifier dans les tableaux joints à ma Seconde lettre.

§ III.

J'avais représenté que la conversion des rentes serait surtout fatale à la France dans le cas où une guerre, une crise politique, la forcerait à négocier des emprunts sur des 3 pour o/o, et j'avais ajouté : si la guerre avait quelque durée, le désordre serait peut-être irréparable ; peut-être paralyserait-il les efforts que la France doit toujours pouvoir faire pour sa défense et pour sa gloire (1).

M. Laffitte a dit, page 7 de son ouvrage : « En la » considérant (la conversion des rentes) sous le » rapport politique, elle assurait la paix de l'Eu- » rope, *en interdisant toute guerre à la France pendant* » *plusieurs années...* »

On voit qu'il va beaucoup plus loin que moi : j'avais supposé des négociations difficiles et onéreuses, des embarras extrêmes produits par un état de guerre prolongé. M. Laffitte voit la ruine entière du crédit et l'impossibilité absolue de faire la guerre. Nous sommes donc d'accord sur les résul-

---

(1) *Seconde lettre à M. le comte de Villèle,* pag. 33.

tats de la mesure : il s'agit seulement de savoir si ces résultats sont un avantage ou un désastre.

Toute guerre serait interdite à la France !... Elle serait donc dans l'impossibilité de se défendre, comme dans l'impossibilité d'attaquer !... Elle se trouverait donc à la discrétion de l'Europe !... Nous serions donc ramenés par une mesure de finances à la situation politique de 1815.. Cette mesure aurait donc pour nous l'effet de deux invasions !... Voilà cependant où on nous conduit, de l'aveu du plus habile des défenseurs du projet ministériel... Qu'on renonce donc à ce projet funeste. La France doit toujours être en état de faire la guerre ; non pas pour attaquer ses voisins, à Dieu ne plaise ! mais pour combattre ceux qui oseraient l'attaquer, pour résister à ceux qui prétendraient lui dicter des lois. Une mesure qui interdirait toute guerre à la France serait un crime de haute trahison.

CHAPITRE II.

Je me suis attaché à saper dans ses fondements le système nouveau de réduction inventé par des spéculateurs pour élever leur fortune en ruinant à la fois les rentiers et les contribuables de la France. Si on veut le soutenir encore, qu'on nie la théorie, et qu'on oppose une théorie meilleure, des principes plus certains, des raisonnements plus évidents; qu'on nie l'expérience, et qu'on la combatte par des faits mieux avérés, par des résultats mieux établis; qu'on nie les calculs, et qu'on nous présente des calculs plus exacts.

Je vais exposer maintenant les vices particuliers du projet substitué à celui que la chambre des pairs frappa l'année dernière de sa réprobation.

SECTION Iʳᵉ.

Mesures plus intempestives qu'en 1824. — Danger d'une catastrophe.

Lorsque, sous le ministère de Mʳ Pelham, en 1749, on réduisit en Angleterre la dette publique, les fonds étaient à 3o pour o/o au-dessus du pair (1), sans amortissement, et nul ne pouvait mettre en doute, ni l'abondance des capitaux, ni le taux réel de l'intérêt. L'opération, sous ce rapport, avait pour elle l'évidence de l'équité.

En France, l'année dernière, la réduction fut proposée à une époque où le ministère n'avait pas encore reçu la moitié des fonds d'un emprunt qu'il venait de négocier au prix de 89 fr. 55 cent., réduit par les jouissances accordées aux prêteurs et par les délais de paiement à moins de 86 fr. 5o. La rente avait à peine atteint le pair, quoique soutenue par un amortissement de 75 millions et par les efforts d'une coalition puissante ; l'intérêt dans les affaires de commerce et sur hypothèques, était à 5 pour o/o. L'idée de réduire les créanciers de l'état à un intérêt de 4 pouvait donc paraître une injustice ; et c'était assez pour qu'elle dût être proscrite : car toutes les mesures du gouvernement doivent avoir un grand caractère d'équité ; et, en matière de crédit public, celles dont la loyauté n'est pas incontestable entraînent toujours des conséquences aussi ruineuses que déshonorantes.

---

(1) M. Gentz, *Essai sur l'administration des finances de la Grande-Bretagne*, 18oo, pag. 167.

Depuis la dernière session des chambres, l'intérêt de l'argent n'a pas baissé; au contraire, il s'est élevé, au moins accidentellement, sur presque toutes les places de l'Europe : c'est un fait notoire.

Beaucoup de rentes ont été vendues par les petits créanciers des provinces, et ces rentes ont dû rendre disponible, dans les départements, une somme considérable d'argent; cependant, nous ne voyons pas que cette circonstance y ait produit la moindre diminution dans le taux de l'intérêt, ni même dans les désordres de l'usure qui les dévore plus que jamais.

Les petits propriétaires qui avaient des rentes trouvaient dans ce revenu, toujours certain, un supplément aux mauvaises récoltes, un moyen d'améliorer leur culture, d'entretenir et d'étendre leurs constructions. C'était une sorte de caisse d'épargnes d'où quelquefois ils tiraient des secours pour l'indigence et le malheur..... Menacés par la réduction, ils se sont hâtés de réaliser leur capital et d'acheter quelques lambeaux de terre, qui seront mal cultivés comme tout le reste; qui seront, comme tout le reste, sans récolte dans les années de disette. L'aisance des familles, qui ne se mesure pas sur l'étendue des propriétés territoriales, est détruite; les progrès de l'agriculture sont arrêtés: voilà tout ce qu'a produit la vente des rentes qui appartenaient aux départements.

A Paris, plus de vingt millions de rente se sont déclassés pour passer dans les mains des spéculateurs; plus de quatre cents millions de capitaux mobiles que cc déclassement a jetés sur la place n'ont pas empêché que le cours moyen de l'intérêt à la bourse ne soit resté à 5 ou 6 pour cent, avec des frais qui le portent à 7, au moins, pour les emprunteurs; et c'est ainsi que les grands spéculateurs eux-mêmes l'ont subi, pour les rentes qu'ils n'ont pas payées avec des fonds venus de l'étranger, ou avec ceux qu'ils ont puisés dans nos caisses publiques. Le taux de l'intérêt à 5 ou au-dessus est donc bien mieux constaté encore en 1825 qu'il ne l'était en 1824.

Vainement on cite la négociation des bons du trésor et celle des valeurs de banque à 3 1/2 et 4 pour o/o. Vainement on dit que les banquiers n'acceptent pas des versements dans leurs caisses à un intérêt plus fort. Les fonds placés sur des effets négociables, ou dans des maisons de banque, sont en général des fonds qui attendent un emploi plus stable et plus productif. On veut pouvoir en disposer facilement, et c'est pour obtenir cette condition qu'on se contente d'un modique intérêt. D'un autre côté, si les banquiers ne paient que quatre à des correspondants dont ils font les affaires, ils ne prêtent qu'à 5 ou à 6, indépendamment des commissions qu'ils exigent, et c'est là ce qui constitue le véritable taux de l'intérêt.

Vainement, aussi, parlerait-on du cours actuel des effets publics; ce taux n'a rien de commun avec celui de l'intérêt; il est déterminé par l'espérance d'un grand profit sur le milliard que le ministère jette au milieu de la bourse. Ce qui le prouve incontestablement, c'est que la rente, l'année dernière, s'éleva et se soutint aussi long-temps que l'on put croire à la conversion; qu'elle baissa après le rejet de la loi qui devait la consacrer, et que nous l'avons vue monter de nouveau, depuis que le projet a reparu. C'est précisément l'opposé de ce qui serait arrivé, si les acheteurs eussent eu en vue les avantages d'un intérêt élevé, au lieu de spéculer sur l'accroissement du capital.

Le ministère a prétendu que s'il n'eût pas annoncé son projet de réduction, la rente serait montée à 120 ou 125, au commencement de 1824. Je suis au contraire persuadé que, sans ce projet, elle serait beaucoup plus lentement arrivée au pair et ne l'aurait pas dépassé.

Sans doute, lorsque le ministre négocia 23 millions de rente au prix réel de 86 francs 25 cent., quoique au prix apparent de 89 fr. 55 cent., il n'avait pas l'idée d'un taux général d'intérêt à 4, ni d'une telle abondance de capitaux, que la rente dût être portée dans quelques mois à 120 ou 125;

car, alors, on pourrait l'accuser d'avoir sacrifié , par sa négociation prématurée, les int érêts de l'état.

Ils n'avaient pas non plus cette idée, les banquiers concurrents de celui à qui l'emprunt fut adjugé ; car ils n'auraient pas restreint leurs offres au-dessous du prix réel de 85.

Quel fleuve d'or avait donc, tout-à-coup, inondé la France , pour élever à 125, dans l'espace de six mois, ce qui n'avait, auparavant, dans l'opinion du ministre et des banquiers de la capitale, qu'une valeur de 85 ou 86?

Rien n'était changé ; mais les banquiers, adjudicataires des 23 millions de rente , avaient conçu le projet d'une grande spéculation, et le ministère les avait aidés à la réaliser.

Maîtres de l'emprunt, ces banquiers jugèrent très bien que s'ils pouvaient porter les ministres à proposer l'alternative du remboursement ou de la réduction de la dette publique, c'en était assez pour élever la rente au pair. Qui pouvait , en effet, consentir, après une telle proposition , à donner pour moins de cent francs ce que le gouvernement lui-même offrait de retirer à ce prix?

La plus grande difficulté devait être, sans doute, de faire adopter au gouvernement l'idée très extraordinaire de rembourser sur-le-champ à 100 fr. , des rentes qu'il venait de vendre à 86 fr. 25 cent., et dont le prix ne serait soldé au trésor que dans l'espace d'un an. Les banquiers surent en triompher, le projet fut déclaré, les rentes s'élevèrent; mais les efforts de la grande coalition financière, et l'appât des bénéfices à faire sur le milliard, suffirent à peine pour en soutenir le prix jusqu'à la décision de la chambre des pairs.

Les rentes, alors, tombèrent à 97 f. 80; et toutes les illusions que des opérations forcées avaient produites sur le taux réel de l'intérêt furent bien complètement dissipées, en sorte qu'il n'est plus possible d'en abuser encore le public.

Comme toute action violente amène une violente réaction, le cours des rentes serait sans doute descendu beaucoup plus bas encore, si les banquiers compromis n'eussent mis en œuvre toutes les combinaisons possibles afin de le soutenir.

Cependant ces combinaisons sont dispendieuses; ils ne peuvent pas les prolonger long-temps sans faire de trop grands sacrifices, et il est à craindre que le nouveau projet n'ajoute à l'embarras de leur situation au lieu de le faire cesser.

On assure qu'ils sont chargés au moins de 25 millions de rentes; c'est un capital de 5oo millions, dont la plus grande partie est empruntée soit à l'étranger sur des valeurs de crédit, soit à des caisses publiques, soit par voie de report, aux capitalistes de Paris, et principalement aux rentiers qui ont vendu leurs inscriptions pour ne les reprendre qu'avec bénéfice.

Quel sera le sort de cette masse de fonds, si la conversion a lieu ?

Les spéculateurs seront à peu près les seuls qui s'y soumettront, et j'admets qu'après la métamorphose de leurs rentes en 3 pour o o, la caisse d'amortissement en achètera une partie à des prix élevés, parceque les vendeurs seront à la bourse sans concurrence; mais au cours même de 77 f. 5o, qui ne paraîtrait pas satisfaisant à ces messieurs, la caisse d'amortissement n'en pourrait acheter que 3 millions par an, en sorte qu'il faudrait près de sept ans pour qu'elle retirât de la circulation les 20 millions de rentes réduites qu'ils auront à placer, et auxquels viendront successivement se joindre, dans cet intervalle, les 3o millions qui doivent être délivrés pour l'indemnité des émigrés. Il est d'ailleurs vraisemblable que les 5 pour o/o baisseront aussitôt qu'ils ne seront plus soutenus au-dessus de cent, et la caisse d'amortissement, même dans le système du projet, quelque vicieux qu'il soit sur ce point, comme j'espère le démontrer, paraissant devoir opérer toujours sur le fonds dont l'intérêt est le plus haut, quand il tombe au-dessous du pair, le 3 pour o/o pourrait bien se trouver abandonné à lui-même.

En pareil cas, à quel cours s'arrêterait la baisse

de cette valeur? Les capitalistes qui ont quitté la rente menacée de réduction et qui ne veulent du 3 pour o/o qu'à 60, pourraient bien avoir occasion d'en obtenir à ce prix. Alors quelle catastrophe, et pour les spéculateurs, et pour les joueurs qui se seraient précipités follement sur leurs traces! Quel effroi dans les esprits, quel ébranlement dans les fortunes, quelle atteinte au crédit public, quelle déception pour les indemnisés, et quelles clameurs contre une administration imprudente! Le temps, sans doute, ramènerait la confiance et la hausse des 3 pour o/o; mais le malheur des familles qu'un tel événement aurait ruinées n'en serait pas moins irréparable.

En 1824, on savait que la coalition des banquiers, formant un seul corps, agissait comme un seul homme, et l'idée de ses moyens immenses pouvait rassurer l'opinion. Aujourd'hui, les coalisés, désunis par leur défaite, ont séparé leurs intérêts, et n'offrent plus à la confiance aucun point d'appui solide.

Une crise inspirerait donc beaucoup plus de terreur et serait beaucoup plus fatale. Qui pourrait en calculer les suites, s'il est vrai que la banque a prêté sur l'emprunt de 1823 au moins 50 millions, dont elle doit exiger bientôt le remboursement, et si, pour soutenir la rente, il a fallu, comme on l'assure, envoyer à la bourse et les fonds de la

caisse des invalides, et ceux de la caisse des con-
signations, et ceux que le Mont-de-Piété destine
ordinairement à des prêts sur les haillons de l'indigence !...

SECTION II.

Loi pénale en faveur de l'agiotage.

Le projet soumis aux chambres sur les rentes
peut se traduire dans les termes suivants :

Art. 1ᵉʳ. Il est prescrit à tous les créanciers de
l'état de présenter leurs inscriptions à la bourse,
pour y jouer à la hausse ou à la baisse.

Art. 2. Ceux qui ne se conformeraient pas à
l'article précédent, seront frappés d'une amende
égale au dixième de leurs créances, par la réduction de leurs rentes 5 pour o/o à 4 et demi.

Art. 3. Il sera pris telles mesures qu'il appar-
tiendra contre ceux qui, refusant de se présenter
à la bourse, ne paieront pas l'amende ; et, en attendant, ils seront privés du bénéfice de l'amortissement.

Voyons si ce n'est pas là, très exactement, ce qui
résulte des développements donnés par le ministre
des finances.

Si les rentiers, a-t-il dit, *préfèrent l'augmentation
du capital à l'élévation de l'intérêt, ils convertiront*

en 3 *pour* o/o. N'est-il pas certain que, pour profiter de l'augmentation du capital, il faut spéculer, jouer, agioter? C'est donc à la spéculation, au jeu, à l'agiotage, que le ministère appelle ceux à qui il propose des 3 pour o/o.

S'ils veulent se garantir de la crainte du remboursement, ils prendront des 4 *et demi.* N'est-ce pas là bien clairement une amende du dixième de la fortune contre ceux qui voudront échapper aux hasards du jeu et aux dangers de la peine arbitraire?

Enfin, *si les porteurs tiennent plus à conserver un intérêt élevé qu'à l'accroissement du capital, qu'à la garantie contre le remboursement, ils resteront dans les* 5 *pour* o/o. Ces mots ne renferment-ils pas la menace de la peine arbitraire, dont on veut effrayer ceux qui ne consentiraient ni à jouer ni à payer l'amende? Je dis la peine arbitraire, car on déclare une véritable guerre aux porteurs des 5 pour o/o ; on la commence à l'instant même, en leur enlevant l'amortissement, et on a bien l'intention de leur faire entendre qu'on saura les punir de leur obstination, quand on pourra leur offrir un remboursement ruineux.

A quelle époque ce remboursement sera-t-il offert ? dans quelle forme? sera-t-il partiel ? sera-t-il général ? sera-t-il réel ou illusoire ? toutes ces incertitudes doivent troubler l'esprit des créanciers et déprécier leurs titres....

Le gouvernement, à mon avis, a toujours le droit de rembourser la dette quand il peut le faire; mais il n'a pas le droit de menacer du remboursement sans l'offrir, parcequ'alors il nuit aux porteurs de rentes, afin de les dominer par le préjudice qu'il leur cause, sans leur donner aucun moyen de se soustraire à ce préjudice.

Dans l'administration publique tout doit porter l'empreinte de la franchise et de la justice. Qu'on dise aux créanciers : Consentez à une réduction de l'intérêt, ou voilà votre argent..... nul n'a le droit de se plaindre. Chacun sait clairement de quoi il s'agit, et peut opter. Mais qu'on leur dise : Consentez à la réduction, ou nous saurons trouver le moyen de vous rembourser dans un moment où cette opération sera pour vous ruineuse; c'est un langage qui n'a ni loyauté, ni convenance; c'est un langage qui peut tromper la simplicité, ou intimider la faiblesse.

Tout le système du projet de loi tend à discréditer par des menaces les 5 pour o/o dans la main des rentiers et à les séduire par des espérances qui les entraînent à venir jouer sur les 3 pour o/o; il tend, par conséquent, à répandre l'ardeur du gain sans travail, si dangereuse pour les fortunes, plus dangereuse peut-être encore pour la morale, et l'esprit d'agiotage qu'accompagnent si souvent la ruine des familles, le désespoir, le suicide.

Nous ne contraignons personne, dit-on, chacun sera libre !... Oui, sans doute, comme chacun serait libre, sur la voie publique, de jouer à la roulette. Cependant la police ne souffre pas qu'on étale aux yeux des passants un jeu ruineux, mais séduisant pour l'ignorance et l'avidité. Vous portez une roulette au milieu des rentiers, et la police ne pourra pas la faire enlever.

SECTION III.

Autre injustice à l'égard des porteurs de 5 pour o/o. — Renonciation par l'état à tout système régulier de crédit public.

La loi du 28 avril 1816 fixe la dotation de la caisse d'amortissement à 40 millions, et s'exprime en ces termes, art. 115 : « Il ne pourra, *dans au-* » *cun cas, ni sous aucun prétexte,* être porté at- » teinte à la dotation de la caisse d'amortisse- » ment. »

Lorsque cette disposition fut faite le gouvernement négociait des emprunts à 5 pour o/o ; elle fut même une des conditions de ces emprunts.

Cependant, par l'effet du nouveau projet de loi, la dotation tout entière de la caisse d'amortissement cesse d'appartenir à la dette pour laquelle on

la constitua, et va être appliquée à une dette nouvelle, qui n'a rien de commun avec celle-là.

Peut-on prétendre qu'on ne porte *aucune atteinte* à une dotation qu'on prend en masse pour
lui donner une autre destination? Ce serait emprunter ce fameux système d'interprétation, ou
cette fameuse direction d'intention dont Pascal a
fait dans les *Provinciales* une justice tout à la fois
si sévère et si piquante. Il faudrait soutenir que
ces mots de la loi, *dans aucun cas,* veulent dire, si
ce n'est dans le cas où on jugerait à propos créer
une autre espèce de dette; et que ceux-ci, *ni sous
aucun prétexte*, signifient, si ce n'est sous prétexte
de l'élévation des rentes au pair; peut-être encore
voudrait-on alléguer qu'on n'a pas l'intention d'enlever la dotation aux 5 pour o/o, mais celle de la
donner aux 3!. . . . .

En vérité, les *Lettres provinciales* ne sont pas assez
complètement oubliées pour que de telles subtilités
puissent faire illusion...

Le prétexte de la rente au pair est celui auquel,
jusqu'ici, les défenseurs du projet semblent s'atta-
cher. De quel tort, disent-ils, peuvent se plaindre
les porteurs de 5 pour o/o, quand leurs fonds
sont au pair? Le gouvernement a-t-il contracté
l'obligation de les racheter à un prix plus élevé?

Je réponds qu'une telle obligation n'est pas,
suivant moi, imposée au gouvernement, mais qu'il

a celle de consacrer la dotation à soutenir les rentes au pair, en la conservant, soit pour empêcher, par de forts achats, les cours de fléchir, s'il survenait quelque crise; soit pour opérer des remboursements, qui, en diminuant la masse des rentes, en assureraient de plus en plus la valeur. Telle est la garantie que la loi de 1816 assure aux créanciers, et que le projet de 1824 tend à leur ravir. Plus elle est importante pour eux, plus il est injuste de les en priver, contre le texte impératif de la loi; c'est une violation flagrante de la foi publique.

Mais toute injustice doit entraîner des conséquences funestes pour ceux qui en sont les auteurs. Si celle-ci était commise au nom de l'état, l'état en subirait la peine, et en souffrirait plus que les créanciers eux-mêmes. La mesure qui dénaturerait l'amortissement au préjudice des rentiers, briserait aussi dans les mains du ministère le moyen le plus puissant dont il puisse faire usage pour arriver à une réduction utile et vraie de la dette publique, c'est-à-dire à une réduction sans accroissement de capital; elle détruirait, en même temps, tout espoir de substituer un système moins ruineux au système d'emprunt dans lequel nous nous trouvons si malheureusement engagés.

Avec la riche dotation de la caisse d'amortissement, rien ne serait plus facile que d'obtenir le

consentement des rentiers à une réduction gra-
duelle et modérée, en déclarant notre dette divisible et remboursable par séries, avec les fonds que
la caisse accumulerait lorsque les rentes seraient
au-dessus du pair. Cette méthode, qu'il est inu-
tile de développer ici avec détail, aurait même tant
de puissance que, par ménagement pour les rentiers, je désirerais qu'on évitât de l'employer avec
toute sa force, et je proposerais d'établir pour règle, qu'on ne soumettrait à la réduction ou au remboursement qu'une ou deux séries chaque année,
en les faisant sortir, par la voie du sort, de la
masse commune, au moment de l'opération. Chaque série qui aurait subi une réduction serait
garantie de toute offre de remboursement, jusqu'à
ce que toutes les autres fussent amenées au même
taux d'intérêt. Ainsi les titulaires seraient assurés
de leurs rentes réduites au moins pour dix ans.

La distribution de la dette en séries serait très
utile pour changer la désastreuse forme d'emprunt
que nous avons adoptée; cette forme perfide, qui
pour un besoin de 138,350,000 liv. sterl. a chargé
l'Angleterre d'une dette de 6o3,500,000 liv. (1),
qui a déjà doublé notre contribution de guerre, et
qui va la tripler, si le projet ministériel est admis.

-----

(1) Voir page 26.

Les emprunts alors ne devraient plus être négociés sur des rentes à vendre, ce serait toujours un capital déterminé qu'on demanderait, comme en Angleterre; mais au lieu de reconnaître, comme on l'a fait jusqu'ici chez les Anglais, un capital supérieur à celui qui serait reçu, on adjugerait l'emprunt aux soumissionnaires, qui se contenteraient du moindre intérêt sur le maximum qu'on aurait fixé. Dans les circonstances difficiles, on pourrait accorder, en outre, des annuités ou des primes, mais jamais des augmentations de capital. Chaque emprunt nouveau se trouvant classé après toutes les séries déjà existantes, les prêteurs auraient au moins pour dix ans une garantie contre toute offre de remboursement.

L'époque actuelle paraît favorable pour proscrire un mode d'emprunt qui conduit tous les gouvernements à la ruine entière de leurs finances.

S'il est vrai que les capitaux soient si abondants qu'ils doivent venir chercher dans nos rentes un intérêt inférieur à 4 pour o/o, pourquoi subir toujours la loi des capitalistes, au lieu de profiter de cette circonstance pour les amener à des transactions que la raison puisse avouer?

On a demandé quel pourrait être l'emploi provisoire des sommes accumulées par la caisse d'amortissement. Cette question est étrange dans un pays qui a presque toujours en émission de 100 à

1 4o millions des bons du trésor. Ces bons seraient négociés à la caisse; les capitalistes qui les recherchent et qui n'en pourraient plus avoir seraient forcés de porter leur argent sur nos rentes ou de le confier à l'agriculture et à l'industrie; ce serait une cause bien plus puissante pour faire hausser les effets publics et pour faire baisser le taux de l'intérêt qu'un projet de réduction qui vraisemblablement ne se réalisera qu'au préjudice de l'état, et dans la proportion de l'avantage que croiront y trouver les grands spéculateurs, les agioteurs de profession, et les malheureux que l'espoir du gain doit entraîner à leur ruine. En effet, les créanciers sages ne voudront accepter ni des 3 ni des 4 et demi pour o/o qu'on leur offre. Quelle considération pourrait les y déterminer? Ont-ils à craindre un remboursement après l'essai de 1824? M. le président du conseil n'a-t-il pas dit que la création du milliard pour l'indemnité rendait tout remboursement impossible; et cette impossibilité ne serait-elle pas plus manifeste après l'adoption du projet de loi qu'un discrédit fatal accompagnerait?

Cependant la fortune entière de l'amortissement n'en serait pas moins engagée pour toujours sur les rentes 3 pour o/o des spéculateurs, ou ramenée sur les 5 pour o/o par la baisse de ce dernier fonds; jamais elle ne redeviendrait libre

comme dans l'état actuel, pour procurer des réductions gratuites, par des offres réelles de remboursement, et pour substituer pendant la prospérité, à notre intolérable système d'emprunt,
malheureux enfant de la détresse, un système
qui préparerait pour l'avenir les plus grands
moyens d'économie, d'ordre, de force et d'indé-
pendance.

Ainsi, en *portant atteinte*, au mépris de la loi,
à la dotation de la caisse d'amortissement; en
frappant les rentiers actuels d'une injustice, nous
aurions causé à l'état un mal irréparable et sans
terme.

SECTION IV.

Influence donnée aux étrangers sur nos affaires.

Les dettes publiques produisent pour les obser-
vateurs superficiels un singulier phénomène. Plus
les conditions en sont onéreuses, plus elles amas-
sent rapidement de grandes richesses autour des
gouvernements qui les contractent; soit parceque
des profits extraordinaires attirent l'argent de
toute part; soit parceque les prêteurs accumulent
bientôt d'immenses fortunes, par les intérêts
usuraires dont ils jouissent par les accroissement des capitaux qu'on leur accorde et par les

jeux de la bourse, où presque toujours ils sont les maîtres.

Il suit de là que, pendant long-temps, plus les dettes d'un état se multiplient, plus il emprunte avec facilité. Des sources d'or semblent s'ouvrir à la voix des ministres. Voilà ce qui a fait croire, même à des écrivains distingués, en Angleterre et en Hollande, que les dettes publiques enrichissaient les états en créant des valeurs nouvelles. Cette étrange doctrine a été aussi professée en France depuis 1825.

M. Hume a dit avec raison, dans son *Essai sur le crédit public*, que de telles propositions pouvaient être considérées comme ces jeux d'esprit auxquels se livrent des rhéteurs lorsqu'ils entreprennent l'éloge de la folie ou de la fièvre, de Busiris ou de Néron.

Les capitaux rassemblés dans les mains des prêteurs et des spéculateurs par les dettes publiques ne sont pas nouvellement créés, mais seulement déplacés au grand détriment des peuples.

Avec les dettes viennent les impôts, et à mesure que les impôts s'accroissent ou se prolongent, toutes les fortunes privées diminuent au profit des créanciers de l'état. Les classes qui n'avaient que le nécessaire tombent dans l'indigence ; celles qui avaient de l'aisance n'ont plus que le nécessaire, et avec le temps descendent encore : la masse des indigents s'accroît toujours.

C'est au prix de toutes ces misères que brille dans les capitales des états obérés de dettes, la richesse toujours croissante dont nous sommes éblouis. Est-ce un signe de prospérité ? n'est-ce pas plutôt un présage de décadence?

La réflexion suffit pour faire comprendre le résultat sinistre que je viens de présenter; et j'en ai trouvé une preuve de fait bien extraordinaire, en comparant l'accroissement progressif de la taxe des pauvres en Angleterre avec l'accroissement des intérêts de la dette. Je soumets à mes lecteurs un tableau que je n'ai pas pu rendre aussi complet que je l'aurais souhaité, mais qui peut donner une assez juste idée de l'influence des dettes publiques sur le sort des classes inférieures de la société.

Dates.	Intérêts de la dette publique	Taxe des pauvres.
1748	3,081,000	700,000
1770	4,658,000	1,306,000
1780	8,030,000	1,774,000
1790	8,220,000	2,567,000 (1)
1800	17,661,000	3,861,000
18·0	26,305,000	5,407,000

(1) Dans cette somme se trouvent comprises quelques dépenses pour les églises et les chemins, qui n'entrent pas dans les autres sommes.

Dates	Interets de la dette publique.	Taxe des pauvres
1812	29,004,000	6,680,000
1813	30,132,000	7,251,000
1817	31,359,000	7,890,000 (1).

Il est aisé de voir combien on a successivement multiplié les pauvres en multipliant les dettes, et voici une observation bien digne d'être méditée par tous les hommes d'état. Nous avons vu page 26 qu'un déficit de 138, 359,000 dans le cours de 24 années, avait forcé l'Angleterre à se rendre débitrice de 603,450,000 livres sterling. Eh bien ! ce qu'elle a donné aux pauvres dans ces 24 années ne doit pas être fort inférieur à 100 millions ; en sorte que si elle eût prévenu, par des combinaisons meilleures , la détresse qu'elle a dû soulager, et si elle eût consacré aux dépenses de l'état ce que les pauvres ont reçu, son déficit n'eût pas été en

———————————

(1) J'ai pris, pour former ce tableau, l'état de la taxe des pauvres dans un ouvrage intitulé *État présent de l'Angleterre*, et publié à Londres , par M. Joseph Lowe, en 1822. L'état de la dette est tiré de l'ouvrage de M. Colquhoun, dont j'ai déjà parlé , et d'un document publié aussi en 1822. Depuis 1817 les intérêts de la dette ont été successivement diminués , et les impôts ont été réduits dans une proportion beaucoup plus forte. La taxe des pauvres a suivi cette progression décroissante, et M. Lowe l'évalue pour 1822 à 6 millions.

24 années de 40 millions : somme qu'il eût été bien aisé de trouver, sans recourir à aucun emprunt.

Il ne m'a pas été possible de faire pour la France des recherches analogues à celles dont je viens de montrer pour l'Angleterre le déplorable résultat. Il est sensible d'ailleurs que les dettes n'étant en France ni aussi prodigieusement colossales, ni aussi anciennes que dans la Grande-Bretagne, elles n'ont pas dû y produire encore des plaies aussi profondes. J'oserai toutefois demander à nos députés s'ils ne voient pas de jour en jour s'accroître, dans les départements, la détresse des pauvres; si beaucoup de petites propriétés n'y sont pas mises en vente ; si l'usure, l'odieuse usure n'y multiplie pas ses hideux ravages. J'oserai aussi les inviter à porter les yeux autour d'eux dans cette capitale, où l'opulence, le luxe et les arts jettent un éclat si éblouissant : qu'ils soulèvent ce voile d'or, afin que leurs regards puissent apercevoir les obscurs asiles du besoin ; qu'ils interrogent les vertueux administrateurs des arrondissements municipaux ainsi que des établissements de bienfaisance et de charité publique, et ce qu'ils apprendront les navrera de douleur. Peut-on voir sans effroi que sur 26 ou 27 mille individus qui naissent à Paris dans une année, 7 mille 4 ou 500 sont abandonnés par leurs parents, et que sur 23 ou 24 mille personnes qui meurent, plus de 8,500 expirent dans les hôpitaux ou dans les prisons ou se suicident. Ainsi, plus du quart de la population naissante n'a pas les moyens nécessaires pour vivre, et plus du tiers de la population expirante ne reçoit que de la pitié les secours indispensables au moment de mourir....

A peine les prodiges de l'industrie, le commerce de l'univers, les soins et les principes généreux d'une administration habile ont-ils pu adoucir en Angleterre, depuis la paix, le mal qu'un faux système avait produit pendant la guerre. Son ministère a senti le besoin de dégrever principalement le peuple ; il a diminué les taxes qui pesaient le plus sur lui, et il vient d'abolir l'impôt sur le sel.

Cependant, lorsque les capitaux des emprunts sont fournis, comme en Angleterre, par les nationaux, une partie, au moins, des richesses qu'ils entassent et des revenus qu'on leur paie se répandent autour d'eux, et le mal est beaucoup moins grand que chez les peuples qui empruntent au dehors. Dans ce dernier cas, la substance des classes qu'on épuise quitte le pays pour aller enrichir ceux dont il est devenu tributaire. La plaie s'envenime toujours, et peut devenir incurable, Que sera-ce donc si après avoir été forcés d'emprunter aux étrangers, nous les appelons encore, comme on le fait par le projet de conversion, à venir exploiter notre bourse ? C'est leur livrer, après la fortune des contribuables, la fortune des capitalistes qu'ils ruineront à ce jeu dangereux, de même que dans tous les jeux de hasard les joueurs qui ont le plus d'argent finissent inévitablement par ruiner ceux qui ne peuvent pas soutenir les longues chances de perte.

Mais ne leur livre-t-on pas encore, par l'ascendant qu'on leur accorde, non seulement la fortune financière, mais encore la fortune politique de l'état? Ne seront-ils pas les maîtres de bouleverser quand ils le voudront notre crédit, si des rivalités nationales viennent à éclater?...

Les étrangers ont, dans nos fonds publics, 30 millions de rentes inscrites, et 15 ou 18 millions leur appartiennent dans les 25 millions de rentes flottantes que l'échec de 1824 a laissées dans les mains des coalisés. Au moment d'un orage, toute cette masse serait à la disposition d'un petit nombre de banquiers. Quels moyens n'auraient-ils pas de jeter nos effets publics dans l'avilissement, s'ils voulaient nous empêcher de faire un emprunt ou nous le rendre excessivement onéreux. Croit-on que les gouvernements qui auraient quelque intérêt à nous faire une guerre ouverte ou secrète négligeraient ce moyen de nous vaincre sans nous combattre?

En conservant nos 5 pour o/o jusqu'à des réductions partielles, sans accroissement de capital, en conservant les ressources de notre caisse d'amortissement , nous pouvions défier de telles manœuvres. La carrière de l'agiotage était fermée, nous allons l'ouvrir de nouveau par des créations de 3 pour o/o, et nous allons nous remettre à la discrétion des étrangers.

Lorsque Philippe II menaça l'Angleterre d'une invasion , avec des préparatifs si vastes, qu'il crut pouvoir donner à son armée le nom d'invincible, le ministère de la reine Élisabeth eut l'habileté de lui enlever, par une opération de banque , les ressources pécuniaires qu'il comptait trouver à Gênes. Le roi d'Espagne fut forcé de différer son expédition d'une année, et ce retard amena les désastres qui anéantirent la flotte et l'armée les plus formidables qui eussent , jusque là , paru sur l'Océan....

A l'époque dont je parle on n'avait pas encore porté aussi loin qu'aujourd'hui l'art des grandes opérations de banque ; et l'Angleterre n'avait à Gênes qu'une faible partie de l'influence qu'elle peut obtenir en France dans les affaires d'argent, si le projet qu'on a conçu s'exécute. Quels coups terribles n'aurions-nous donc pas à essuyer si l'Angleterre , se déclarant contre nous, l'administration britannique excitait nos redoutables créanciers à nous nuire , en invoquant leur patriotisme et en leur offrant des avantages qu'il lui serait facile de leur procurer?

C'est alors que l'Angleterre pourrait, à bon droit,
se vanter de son empire sur la France, puisque,
ayant réussi à nous imposer ses systèmes, elle en
aurait en main la direction et pourrait briser à son
gré le grand ressort de notre gouvernement.

SECTION V.

Contradiction. — Droit de l'état changé en prohibition contre l'état.

Telle est la force de la vérité, que si, dans un
système faux, on introduit un seul principe vrai,
le système en sera détruit on condamné à une ab-
surdité patente.

C'est ce que les partisans de la conversion des
rentes paraissaient avoir senti l'année dernière,
lorsqu'ils soutenaient, avec une chaleur qui allait
jusqu'à la violence, que la caisse d'amortissement
avait l'obligation d'acheter nos 5 pour o/o à tout
cours au-dessus du pair (1).

. Ils concluaient de là que l'accroissement de capi-

----

(1) « Suspendre les rachats de l'amortissement au-
»dessus du pair, » disait le rapporteur de la commission
de la chambre des députés, « c'est pour nous une pensée si
»étrange, si incohérente avec toutes les nôtres, qu'il nous
»a été impossible de la soumettre à un examen sérieux. »

tal proposé par le ministère n'était rien, parcequ'il était égal d'acheter des 3 pour o/o à 75, ou des 5 pour o/o à 125.

La proposition était fausse et le raisonnement exact.

A la chambre des pairs, cette proposition fut combattue avec tant d'éloquence, proscrite avec tant d'autorité, qu'on n'ose plus la reproduire. Qu'a-t-on imaginé?... d'adopter le principe contraire, et d'en faire la base du même projet que ce principe contraire et juste avait renversé !

Dans cette vue, on fait cesser l'action de l'amortissement sur les rentes 5 pour o/o au-dessus du pair, en même temps qu'on les frappe d'une menace vague, pour alarmer les titulaires qu'on veut contraindre à les abandonner en faveur des 3 pour o/o.

D'un autre côté, on dit aux créanciers : Si vous consentez à réduire une rente de 5 fr. à 4, nous reconnaîtrons cette dette de 4 fr. de rente en 3 pour o/o à 75.

N'aurait-on pas le même résultat, ne s'exprimerait-on pas avec plus de clarté, et ne serait-on pas plus facilement compris de tout le monde, en disant : Si vous consentez à réduire votre rente de 5 fr. à 4, la caisse d'amortissement pourra acheter ces 4 fr. de rente au-dessus du pair, à tout prix qui n'excèdera pas 133 1/3 ?

Ainsi, après avoir proscrit, par l'article 3 du projet de loi, le rachat des 5 pour o/o au-dessus du pair, on constitue, par l'article 4, en termes détournés, le rachat éventuel d'une rente de 4 fr. à 33 1/3 au-dessus du pair.... N'est-ce pas là un artifice de langage bien déplorable ? n'est-ce pas une violation mal cachée du principe qu'on vient d'établir ?... n'est-ce pas une déception indigne de la majesté des lois ?

La proposition que les ministres combattaient l'année dernière était celle-ci : *La caisse d'amortissement ne doit pas avoir l'obligation d'acheter des rentes au-dessus du pair :* elle était fondée sur le seul intérêt public et n'interdisait aucune opération utile à l'état.

Le ministère va beaucoup plus loin cette année, que ses adversaires en 1824. La règle qu'il propose peut être ainsi conçue : *La caisse d'amortissement n'aura pas la faculté d'acheter des rentes au-dessus du pair.* Et cette règle, absolue, inflexible, il veut la faire consacrer dans le moment même où il fait des dispositions qui rendraient souvent des achats au-dessus du pair très profitables à l'état.

Constituer 33 fr. 1/3 pour obtenir une réduction d'un fr. sur les intérêts de la dette publique, c'est déclarer bien hautement qu'on juge moins désavantageux pour l'état d'être débiteur de 33 fr.

1/3 en capital, que d'un fr. de rente. Il suit de là que, dans chaque circonstance où la caisse d'amortissement aura le choix de racheter, pour une même somme, un fr. de rente ou 35 fr. 1/3 de capital, ce sera le rachat du franc de rente qu'elle devra préférer.

Ainsi, le jour même où la conversion proposée par le ministère aurait reçu son accomplissement, si on offrait à la bourse du 3 pour o/o à 75, et du 5 pour o/o à 100, la caisse d'amortissement devrait choisir le 5 pour o/o.

En achetant du 3 à 75, la caisse, avec une somme de cent francs, dégagerait 4 fr. de rente et 133 fr. 1/3 de capital ; avec la même somme, en achetant du 5, elle dégagerait 5 fr. de rente et 100 fr. seulement de capital.

Le bénéfice comparatif des deux marchés est donc un fr. de rente d'une part, et 33 fr. 1/3 de capital de l'autre côté.

Il est clair que le ministère doit opter pour le franc de rente, sous peine de se mettre en contradiction avec lui-même et avec sa loi.

Je vais plus loin. L'opération de la caisse, achetant du 5, comme je viens de le dire, a un avantage incontestable et très grand sur celle autorisée par la loi ; car en même temps qu'elle libère l'état d'un fr. de rente, au même prix, elle lui procure une puissance nouvelle de libération plus forte d'un cinquième que si elle achetait seulement 4 fr., tandis que la conversion des 5 pour o/o en 3 pour o/o, telle qu'on la propose, a au contraire pour résultat inévitable de faire perdre à l'amortissement au moins un cinquième de sa force progressive. De la perte au gain, la différence au profit de l'état égale deux cinquièmes de la puissance de libération que la caisse peut acquérir par ses achats.

Le même avantage que je viens de calculer aurait lieu pour la caisse d'amortissement, en achetant du 5 pour o/o à 104 plutôt que du 3 à 78, ou du 5 pour o/o à 108, plutôt que du 3 à 81; et cet avantage s'accroîtrait de 6 ou 7 pour cent, si le 5 pour o/o était offert à 101, quand le 3 serait offert à 80 ou à 81.

On voit par là combien serait révoltante la prétention que les spéculateurs pourraient avoir, et qu'ils auraient sans doute, si la loi était promulguée telle qu'on la propose, de faire acheter toujours, par la caisse d'amortissement, le fonds le plus éloigné du pair nominal. Si cette prétention, que m'a fait prévoir (pag. 21) un mot du ministre des finances, pouvait avoir quelque succès, nous verrions, peut-être, les 3 p. o/o achetés à 80, 85, 90, comme je l'ai dit, plutôt que des 5 p. o/o à 99 ou à 100.

Lorsqu'on n'a que des rentes à 5 p. o/o, il serait absurde d'imposer à la caisse d'amortissement

l'obligation de les racheter à plus de 100 fr. ,
puisqu'on a la faculté de les rembourser et de se
libérer à ce prix ; mais lorsqu'on a créé des rentes
à 3 p. o/o, il ne serait pas moins absurde de donner 90 francs pour se libérer de 3 francs de
rente, que de donner 101 francs pour se libérer
de 5 francs ; car , dans le premier cas , chaque
franc de rente coûterait 3o francs, tandis que
dans le second il coûterait seulement 20 francs
20 cent.

En Angleterre , les achats au‑dessus du pair
n'ont jamais lieu, parceque les fonds divers étant
à des intérêts qui ne different que d'un demi p. o/o,
lorsque l'un de ces fonds est au-dessus du pair ,
l'autre en est très près. Si en France les banquiers coalisés nous demandent du 3 p. o/o , lorsque nous réduisons , en réalité, nos rentes de 5
à 4 , c'est uniquement parceque cet immense intervalle de 2 p. o/o entre les 5 et les 3 , doit offrir un champ plus vaste aux mouvements et aux
manœuvres de leurs spéculations.

Pourquoi donc prohiber les achats au‑dessus
du pair, précisément lorsque l'on crée pour l'état
un grand intérêt à pouvoir en faire.

Entre le droit de ne pas faire et la défense
de faire des achats au pair, la différence est extrême.

Le droit existe en faveur de l'état. La défense

serait établie contre lui et dans quel intérêt ? Certes il n'est que trop facile de l'apercevoir. Partout c'est l'agiotage qui semble nous dicter la loi.

Que des spéculateurs aient osé concevoir l'idée de convertir un droit de l'état en une prohibition contre l'état, et d'enchaîner le ministère lui-même dans l'administration des intérêts publics, c'est ce qu'il n'est pas facile de comprendre, même après tout ce que nous avons vu.

Mais que le ministère se soumette à de tels liens et qu'il propose au roi, qu'il propose aux chambres de les serrer autour de lui, c'est ce qui me paraît tout-à-fait inexplicable, c'est ce qu'on ne peut attribuer qu'à la préoccupation la plus extraordinaire et la plus funeste.

A quels résultats étranges ne conduirait pas la disposition que j'attaque, poussée jusqu'à ses dernières conséquences ? On pourrait acheter des 5 p. o/o à 80, à 90, à 99, et on ne pourrait pas acheter des 5 p. o/o à 101 ou 102 ; en sorte qu'après avoir accordé 33 francs un tiers pour un franc de rente, on ne pourrait pas donner 2 ou 3 francs de capital, pour éteindre 2 francs de rente !..... En vérité, si j'aspirais à faire admettre une mesure pareille, mon premier soin serait de proposer une loi pour changer les règles de l'arithmétique.

Non, je ne saurais croire que jamais une prohibition à l'état de régler ses affaires suivant son intérêt soit approuvée par les chambres, et si on ôte de la loi cette prohibition, elle perd le ressort puissant sur lequel on a compté, pour contraindre les rentiers à la conversion.

Qui voudra du 3 p. o/o, lorsqu'il sera établi que la caisse d'amortissement devra toujours acheter du 5 ; à moins que le premier fonds n'ait relativement au second une valeur inférieure à la proportion de 75 à 100, ou, en d'autres termes, qu'il ne soit plus en baisse ou moins en hausse, relativement au prix de 75, que le 5 p. o/o relativement au prix de 100 ?

Après cet amendement, le principal effet de la loi serait de laisser les 3 p. o/o créés pour l'indemnité, isolés de tout le reste de la dette publique, et privés d'amortissement jusqu'à ce qu'on les offrît en baisse, relativement aux 5 p. o/o.

Alors sans doute, on comprendrait combien il eût été moins coûteux pour la France, et plus avantageux pour les indemnisés, de constituer l'indemnité en rentes à 5 p. o/o, au lieu de constituer en rentes à 3 p. o/o.

SECTION VI.

Anéantissement des ressources que, suivant le ministère, l'indemnité doit procurer au trésor.

Il ne me paraît pas possible que le projet de loi soumis aux chambres soit accepté tel qu'il a été présenté ; et fût-il admis sans aucun amendement, je ne crois pas qu'il produise le résultat que le ministère paraît en attendre, je veux dire la conversion des 140 millions de rente qu'il voulait réduire l'année dernière.

C'est, cependant, sur la supposition de cette conversion totale, que s'est fondé M. le rapporteur de la commission de la chambre des députés, lorsqu'il a dit : « La réussite complète de l'opéra- » tion procurerait aux contribuables un dégrève- » ment d'environ 30 millions. »

Admettons l'accomplissement de cet espoir de la commission, de ce vœu du ministère, et voyons s'il ne doit pas anéantir les ressources que le ministre des finances a cru devoir être ajoutées aux richesses du trésor, par la distribution de l'indemnité.

Son excellence a dit, qu'en donnant aux émigrés 30 millions de rente, on obtiendrait un accroissement de consommations, et, par conséquent, un accroissement dans les produits des impôts indirects.

Mais, si d'un autre côté 3o millions de revenu étaient enlevés aux rentiers, il est bien certain que ceux-ci seraient forcés de diminuer leurs consommations, autant que les indemnisés pourraient augmenter leurs dépenses. Les impôts indirects perdraient donc d'un côté ce qu'ils gagneraient de l'autre; et le trésor ne recevrait pas un écu de plus.

Quant aux contribuables, dégrevés de 3o millions par la réduction, chargés de 3o millions par l'indemnité, leur situation, relativement aux rentes à payer, ne se trouverait nullement changée; mais il en serait tout autrement pour le capital : car leur dette serait grossie d'un milliard pour l'indemnité, et d'un milliard pour le prix de la réduction. Ces deux milliards dussent-ils n'être payés que dans l'espace de cent ans, ce serait 20 millions par an qu'il faudrait ajouter aux charges du peuple, et il y aurait lieu de faire entrer dans nos calculs de finance une diminution proportionnée dans les consommations.

Quand le ministre des finances a prétendu qu'il allait ajouter un milliard aux débris de fortune sauvés du naufrage par les émigrés, et qu'un nouveau revenu de 3o millions accroissant les consommations accroîtrait aussi les impôts , ce langage a dû causer un extrême étonnement ; car c'était comme s'il eût annoncé que par la seule puissance de sa parole , il allait créer un milliard de capital, et 3o millions de rente..... Hélas ! le ministère ne peut créer ni un centime de capital ni un centime de revenu ; et il ne s'agit , dans la circonstance actuelle , que de faire passer la fortune des uns dans les mains des autres.

Si les consommations de ceux qui recevront 3o millions de rente s'accroissent, les consommations de ceux qui les perdront ou qui les paieront doivent diminuer. Si ces 3o millions de rente représentent dans les mains de ceux qui les obtiendront un capital d'un milliard, c'est parceque la dette des contribuables sera augmentée d'un milliard. Il faut donc le déduire de la fortune de ceux-ci avant de l'ajouter à la fortune des premiers. Il n'y a donc pas création, *il n'y a que déplacement de revenus et de capitaux.* Il n'y a pas non plus accroissement, mais déplacement de consommation ; et l'impôt n'y gagnera rien , ou plutôt il y perdra, comme la fortune publique.

Combien la loi d'indemnité serait d'une exécution plus facile si elle ne marchait pas de front avec la ruineuse opération de finances dont on a voulu la rendre complice !...

En conservant notre dette dans le système des

5 pour o/o, et en la déclarant divisible en séries, comme je l'ai proposé, la caisse d'amortissement aurait acheté en moins de six ans et demi les 3o millions de rente accordés pour l'indemnité.

A ce terme nous nous trouverions dans la même situation où nous sommes aujourd'hui, ayant acquitté complètement l'indemnité, n'ayant pas créé le milliard pour la conversion, en un mot chargés seulement de la même dette que nous avons maintenant, et certains d'en être libérés en vingt ans avec la dotation de la caisse d'amortissement.

L'avantage d'un pareil plan est à mes yeux si complètement démontré que, suivant mon opinion, si les émigrés, dans le cas où le projet qui les concerne serait devenu loi, pouvaient accepter 3o millions de rente à 5 pour o/o, en rejetant la loi de conversion, ils feraient à la France un cadeau d'une valeur égale à la somme qu'ils en recevraient.

D'un autre côté, si, dans le même cas et en écartant cette même loi de conversion, l'état accordait aux indemnisés 35 ou 36 millions 5 pour o/o, au lieu de 3o millions 3 pour o/o, je suis persuadé que ce serait une disposition très utile à la France, et point préjudiciable pour eux.

Alors tous les accroissements de consommations et d'impôts se réaliseraient, parceque l'indemnité étant prise tout entière sur les rachats de la caisse d'amortissement, ni les facultés des rentiers ni celles des contribuables ne se trouveraient altérées. Le seul effet de l'indemnité serait de retarder d'environ six années notre entière libération ; mais aussi elle porterait dans la circulation des valeurs que sans elle la caisse d'amortissement en aurait retirées : par ce moyen, elle contribuerait puissamment à faire baisser l'intérêt de l'argent, et il en résulterait pour l'administration une plus grande facilité de faire des emprunts à 4 ou 4 et demi pour o/o, afin d'opérer des remboursements ou d'obtenir des réductions sans accroissement de capital.

———

SECTION VII.

L'amortissement menacé est dénaturé.

Plus l'intérêt d'une dette est faible et plus aussi l'action de l'amortissement a de lenteur, comme je l'ai démontré page 14.

Avec une dotation égale, 112 millions de rente 3 pour o/o ne peuvent être éteints, même à 75 fr., prix de leur création, aussi promptement que 140 millions de rente 5 pour o/o.

Plus les 3 pour o/o s'élèveraient, plus l'action de l'amortissement serait ralentie.

Il suit de là qu'en réduisant les intérêts de la dette, loin de réduire l'amortissement il faudrait l'accroître, si on voulait lui conserver toute sa force, et ne pas retarder la libération de l'état.

Le projet de loi sur les rentes semble conçu dans un système tout contraire. En même temps qu'on ôte à l'amortissement un cinquième au moins de son action progressive, par le seul effet de la réduction des rentes, on le menace, par l'art. 1er du projet, d'être réduit à son tour après cinq ans, et on lui ravit par l'art. 2, au moins temporairement, toute la puissance de l'intérêt composé.

Ce qu'il y a de bizarre, c'est que la menace de l'art. 1er est conçue sous la forme d'une garantie.

» Les rentes achetées par la caisse d'amortisse- » ment, dit-il, ne pourront être annulées ni dis- » traites de leur affectation avant le 20 juin 1830. » Et le public ne voit, dans ces expressions, qu'une réserve formelle de disposer dans cinq ans des rentes appartenant à la caisse ; de même qu'il a trouvé une augmentation de dette d'un milliard, sous les apparences d'une réduction de la dette. C'est ainsi qu'on s'accoutume à se défier de l'administration et à chercher dans les paroles des ministres précisément le contraire de ce qu'elles paraissent exprimer.

Je ne veux pas supposer au ministère des intentions qui ne sont pas positivement énoncées et qui peuvent n'être pas les siennes, et je veux croire qu'il n'est pas dans ses projets actuels de disposer dans cinq ans d'une partie des rentes de la caisse d'amortissement ; mais qui peut prévoir quel ministère nous aurons et quelles conceptions viendront nous surprendre dans un siècle de cinq ans ? Je pense que, pour rassurer les créanciers de l'état, au moment où on crée deux milliards de dette nouvelle, il eût été bon de garantir l'amortissement tel qu'il existe, au moins jusqu'à l'extinction de l'un de ces deux milliards.

Je veux aussi être persuadé qu'en dépouillant l'amortissement pour cinq ans des bénéfices de l'intérêt composé, on a le dessein de les lui rendre à ce terme : mais pourquoi, sur un point d'une telle importance, nous laisser dans l'incertitude ? pourquoi ne pas dire qu'alors les rentes qu'il achètera se réuniront à celles dont il est déjà possesseur ?

Tout ce qui touche une institution sur laquelle reposent à la fois le crédit de l'état et la fortune de ses créanciers, ne saurait être déterminé par des dispositions trop précises.

Notre dette mobile, c'est-à-dire la portion de notre dette dont le ministère poursuit avec tant de constance la réduction, s'élève à 140 millions de rente , au capital de 2 milliards 800 millions (1).

Elle sera après la réduction, en
rentes 3 pour o/o , de. 112,000,000
Ajoutons à cette somme l'indemnité 30,000,000
                                      ____
                                      142,000,000

Nous aurons donc, au lieu de 140 millions de rentes 5 pour o/o, 142 millions de rentes 3 pour o/o, au capital de 4,733,000,000.

La caisse d'amortissement, avec une dotation de 80 millions et avec la puissance de l'intérêt composé, aurait racheté , comme nous l'avons dit plusieurs fois, dans l'espace de vingt ans , les 140 millions de rente 5 pour o/o au pair.

Avec cette même dotation de 80 millions , la caisse, privée des intérêts composés, et agissant sur des 3 pour o/o , au pair , ne pourrait éteindre, en vingt ans,
sur. . . . . 142,000,000 de rente
que 48,000,000
                               ____

En sorte que nous resterions débiteurs, au bout de vingt ans, de 94,000,000

(1) On voit que je continue à écarter toute la partie de notre dette qui ne paraît pas devoir être soumise à la réduction.

Ce serait à 3 pour o/o un capital de 3 milliards
133 millions, somme qui excéderait notre dette
actuelle de 333 millions.

Au cours de 90, la caisse éteindrait 53 millions
333,000 francs ; nos rentes alors seraient réduites
à 88 millions 666,000 francs, et le capital à 2 milliards 955 millions.

Enfin, au cours moyen de 85, la même caisse,
en vingt ans, achèterait 55 millions 500 mille fr.
de rentes, et l'état devrait encore : en rente 86 millions 500 mille fr., en capital. . . . 2,883,000,000.

Ce résultat doit faire comprendre combien, si
le projet de loi devait être accepté par les chambres, il serait important pour le crédit que le
sort de l'amortissement fût fixé, soit relativement
aux rentes qu'il possède, soit relativement au
ressort puissant de l'intérêt composé.

Les moyens de libération possédés par la caisse
d'amortissement ne seront déjà que trop affaiblis,
par le seul effet de la conversion des rentes en 3
pour cent.

En effet, même en recouvrant, après cinq ans,
la faculté de s'approprier les rentes qu'elle rachè-
tera pour en accroître sa puissance actuelle, les
achats que cette caisse aura pu faire dans vingt ans,
même à un cours moyen de 87 fr. 50 ou de 85,
nous laisseront encore débiteurs à peu près de
2,300,000,000. Savoir : sur la dette actuelle qui,

à cette époque, serait éteinte dans le système
des 5· pour o/o. . . . . .1,300,000,000.
Pour la dette de l'indemnité. . . .1,000,000,000.
                                  ———————————
                                   2,300,000,000.

J'ai distingué la dette à créer pour les émigrés,
de celle qui resterait dans vingt ans sur les 112
millions de rentes réduites, afin de constater par
une démonstration claire que la loi sur les rentes
coûterait plus cher à la France que la loi sur l'indemnité.

Je m'attends à voir citer l'Angleterre: pour prouver que nous pouvons, sans sollicitude, affaiblir
notre amortissement, on dira qu'elle a beaucoup
diminué le sien.

Quoique je sache combien est digne de nos observations ce grand foyer de la civilisation, de la richesse et de l'industrie du monde, j'oserai dire qu'il
faut bien se garder de l'imiter servilement, même
au moment où son administration montre peut-être
plus de grandeur, de sagesse et d'habileté qu'à aucune autre époque de son histoire. Qu'on se rappelle
à quelle détresse la Grande-Bretagne paraissait
livrée en 1816 et 1817, et quelle était la souffrance
des classes pauvres. Le gouvernement a senti la
nécessité de s'occuper d'abord des besoins du
peuple ; il a favorisé tout à la fois l'agriculture et
l'industrie par de grandes et sages mesures, et en

même temps il a opéré de très fortes réductions sur les impôts. Il était impossible de concilier ces dispositions nécessaires avec de larges dépenses pour l'amortissement, et l'amortissement a été réduit ; mais aussitôt que l'équilibre sera complètement rétabli entre le prix du travail et la valeur des consommations, entre les besoins du peuple et ses moyens d'y pourvoir, l'Angleterre rendra sans doute graduellement une plus puissante énergie à l'instrument de sa libération.

Je ne reviendrai pas sur ce que j'ai dit (1) au sujet des dispositions de la loi, qui prohiberait à l'amortissement de racheter des rentes à 5 pour o/o, en concurrence avec des rentes à 3, lors même que de tels rachats auraient un avantage évident pour l'état. Je ne saurais considérer ces dispositions comme admissibles ; si elles étaient consacrées, l'amortissement privé déjà d'une grande partie de sa force matérielle, serait aussi dépouillé de sa force morale, on le considérerait comme un instrument, comme une propriété de l'agiotage.

----

(1) Sect. v, pag. 75.

SECTION VIII.

Dernières observations. — Imputation fausse jetée sur les émigrés.

Je pourrais développer encore des considérations nombreuses contre un projet qui porte l'empreinte des inspirations les plus contraires aux intérêts de la France ; contre un projet où tout me paraît être contradiction, erreur et déception.

Je pourrais déplorer la confiance ébranlée, le crédit menacé, la loyauté nationale flétrie, par cette étrange obstination qui poursuit le même résultat par deux moyens opposés et qui, peu jalouse de se montrer constante dans ses principes, ne craint pas de fonder successivement le même système, aux yeux de l'Europe étonnée, sur deux propositions contradictoires.

Je pourrais expliquer comment, chez une nation où les grands capitaux n'abondent pas, mais où les petits sont très multipliés, il est peu politique de persécuter, de décourager les petits capitalistes et de les éloigner des emprunts publics, en attaquant leur fortune, tantôt directement et tantôt par des séductions dont ils ont la sagesse de se défier.

Mais je sens la nécessité de finir et j'éprouve le besoin d'exprimer une idée qui a péniblement occupé mon esprit; un sentiment qui a douloureusement agité mon cœur, pendant que je traçais cet écrit.

Depuis la restauration, toutes les paroles qui se sont fait entendre du haut du trône, ont appelé les Français à la réconciliation, et toutes les âmes généreuses ont uni leurs vœux à ce noble vœu de la couronne. Tout ce qui est digne d'aimer son pays et de l'honorer voudrait pouvoir effacer jusqu'aux dernières traces de nos trop longues querelles.

C'est au nom de la paix publique; c'est pour éteindre le souvenir des malheurs particuliers dont une classe de Français a été frappée, que les ministres, au nom du roi, ont proposé à la France le sacrifice d'un milliard.

Sans examiner aucun droit, sans m'arrêter·à aucune des grandes questions que cette proposition a soulevées, j'oserai dire que, même ce prix, l'union de tous les Français dans les mêmes sentiments, dans les mêmes efforts pour le bonheur et la gloire du prince et de la patrie, ne serait pas trop chèrement achetée.

Quelque énorme que soit un pareil fardeau, 3o millions de Français ne rivalisant que d'ardeur pour la prospérité de la France, le soutiendraient facilement; à peine ils en sentiraient le poids, et bientôt, marchant de front dans la carrière de l'honneur, de l'industrie et des arts, ils formeraient la nation la plus florissante de l'univers. Le roi d'un tel peuple serait et le plus grand et le plus puissant des rois.

Mais, si la loi d'indemnité pouvait nous conduire vers ce but salutaire autant que glorieux, la fatale loi des rentes serait encore là pour nous en éloigner, en fournissant, pour un siècle, des motifs de plainte, avec des sujets de récrimination toujours renaissants, soit à ceux qui recevront le milliard imposé à la France, soit à ceux qui doivent le payer.

On va donner aux premiers, pour leur valeur intégrale, non pas des effets publics déjà connus dans la circulation, et dont la valeur soit fixée, mais des effets créés exprès pour eux, et dont les plus habiles financiers ne sauraient prévoir la destinée.

Il est impossible que plusieurs années s'écoulent sans qu'il survienne quelque événement dans la politique ou dans les finances qui fasse descendre les rentes 5 pour o/o au-dessous des deux tiers de leur valeur nominale.

Effrayés d'une telle crise, les indemnisés se hâteront, vraisemblablement, de réaliser leurs titres, pour sauver du naufrage ces débris de leur fortune.

Toutefois, à une époque plus ou moins éloignée le crédit se rétablira ; et les contribuables auront à payer la presque totalité de la dette. Des spéculateurs auront enlevé ce que les indemnisés auront perdu, et les contribuables n'auront rien gagné.

Cependant, les émigrés se plaindront d'avoir reçu des valeurs illusoires ; ils se croiront créanciers encore de ce qui aura péri dans leurs mains, et peut-être les verra-t-on former des réclamations nouvelles.

Les contribuables, de leur côté, confondant les effets des deux lois présentées ensemble, et comme auxiliaires l'une de l'autre, accuseront l'émigration du fardeau dont ils seront surchargés, et ces prétentions, ces imputations réciproques, seront une source intarissable de reproches, de contestations et de haine. Les préventions qu'elles auront jeté dans les esprits se prolongeront comme les dettes publiques, et nous laisserons ce triste héritage à la génération qui doit nous succéder.

Dans trente ans, dans un demi-siècle et plus tard peut-être, les enfants des émigrés diront : « On » devait à nos pères une indemnité ; leurs droits fu- » rent reconnus ; mais on ne leur donna que des pa- » piers éphémères ; l'état nous doit encore ce qui » ne fut que fictivement acquitté. »

Les contribuables répondront : « Ce fut pour vos » pères, ce fut pour vous qu'on créa des rentes à 3

» pour o/o, pour un milliard ; ce fut pour vous que
» l'on convertit toute la dette publique en 3 pour o/o
» et cette opération nous chargea d'un second mil-
» liard ; ce fut pour vous que la France fut mise dans
» l'impossibilité de faire des emprunts autrement
» que sur des 3 pour o/o, en constituant des capi-
» taux immenses que nous aurons à payer; vous êtes
» donc la cause de la ruine de nos finances. »

Ces reproches , je l'ai déclaré et je le déclare encore , seraient complètement injustes. La loi des
rentes n'était nullement nécessaire pour l'exécution de la loi sur l'indemnité ; la loi des rentes dé-
sorganise les finances que la loi d'indemnité char-
geait seulement d'une dette nouvelle. C'est donc
la première qui fera le mal incurable ; c'est la première qui sera la véritable et longue plaie de la
France. Mais , présentées comme elles l'ont été ,
ces deux lois seront inséparables dans l'esprit des
peuples , et qui peut dire à quels désordres une
telle cause de troubles toujours active et toujours
présente pourrait conduire la France ? Ah ! si l'i-
dée d'une catastrophe financière ne peut pas nous
retenir, arrêtons-nous du moins devant le danger
d'une catastrophe politique.

Union et oubli, c'est la devise choisie par
Louis XVIII, adoptée par Charles X, et dont,
plus d'une fois, nos chambres législatives ont re-
tenti. Union et oubli, puisse cette devise devenir

enfin celle de tous les Français; mais, pour la maintenir, il faut, j'ose le dire, écarter un projet qui, s'il était adopté, deviendrait tout à la fois une loi de ruine et une loi de discorde.

Après la bataille de Platée, les Grecs firent éteindre tous les feux du pays, parceque les barbares les avaient souillés. Euchydas courut à Delphes, prit sur l'autel le feu sacré, le rapporta le même jour à Platée, le remit à ses concitoyens, et tomba mort à leurs pieds.

Heureux celui qui porterait au milieu de nous l'étincelle sacrée destinée à rallumer ou à ranimer dans tous les cœurs l'amour du pays, l'amour du souverain, l'amour des lois, l'amour des Français les uns pour les autres, dût-il comme Euchydas expirer à l'instant même où il aurait rendu ce grand service à sa patrie !

SUPPLÉMENT

AUX OBSERVATIONS

SUR LE PROJET DE LOI

POUR

LA CONVERSION DES RENTES,

PAR LE COMTE DE MOSBOURG.

A PARIS,

CHEZ DELAUNAY, LIBRAIRE,

PALAIS-ROYAL, GALERIES DE BOIS.

IMPRIMERIE DE LACHEVARDIERE FILS,
Successeur de Cellot, rue du Colombier, n. 30

1825.

SUPPLÉMENT

AUX OBSERVATIONS

SUR LE PROJET DE LOI

POUR

LA CONVERSION DE LA RENTE.

———

Plus on approfondit le projet de loi sur les rentes, plus on voit avec effroi les résultats funestes dont il menace la France, en mettant, pour un siècle, ses intérêts financiers à la discrétion des étrangers qui l'ont inventé (1).

Cependant le chef du ministère l'a défendu, à la chambre des députés, avec une constance imperturbable, avec une ardeur toujours croissante, avec une sorte d'exaltation que l'idée de rendre un grand service à son pays peut seule inspirer. La plus profonde conviction l'animait sans doute, et lui persuadait qu'il devait à tout prix faire prévaloir son système. Aussi l'a-

(1) Il est généralement connu que le projet soumis aux chambres n'est pas d'origine ministérielle. Toutes les bases en furent établies, le 6 octobre 1824, dans le *Journal du Commerce*, qui a réclamé plusieurs fois l'honneur de son initiative, en se plaignant de quelques détériorations dans les détails. Cette feuille, rédigée avec un talent très remarquable, est le dépôt naturel des idées que conçoivent les grands spéculateurs : c'est donc des grands spéculateurs que les ministres ont accepté, directement ou indirectement, leur plan financier. Que dirait-on d'un maréchal de France qui demanderait son plan de campagne aux généraux ennemis ?

t-on vu successivement employer, pour combattre ses adversaires, les principes, les faits, les calculs les plus opposés ; jetant, pour ainsi dire, sur chaque objection tout ce qui se trouvait sous sa main; sauf à jeter un moment après, sur des objections différentes , des calculs, des faits et des principes contraires.

Quand j'ai pris une résolution, disait le cardinal de Richelieu au marquis de la Vieuville, *je vais à mon but, je renverse tout, je fauche tout, et je couvre tout de ma soutane rouge.* La faux de notre temps ne paraît pas, à la vérité, aussi redoutable que celle du cardinal. Celui-ci fauchait sans pitié, des grands , des princes , des états même ; au lieu qu'on se borne aujourd'hui à faucher avec moins d'éclat, mais, toutefois, au grand dommage de la couronne et des peuples , des raisons, des faits , des chiffres , des intérêts de finance, ou de politique.

On raconte qu'au mois d'avril 1824 il fut donné lecture à une excellence d'un rapport qui devait être présenté à l'une de nos deux chambres; le ministre, après l'avoir entendu , proposa d'y ajouter quelques considérations nouvelles... « Monseigneur, lui dit le rappor- » teur, avec beaucoup d'embarras, me permettez-vous » de m'expliquer franchement.... ces raisons ne me pa- » raîssent pas trop bonnes...—Pas trop bonnes , répon- » dit le ministre, pas trop bonnes! Eh! croyez-vous » les vôtres excellentes? Mon ami, les bonnes raisons » sont fort rares dans ce monde ; et pour parler à des » assemblées , n'allez pas vous fatiguer l'esprit à cher- » cher de bonnes raisons... Beaucoup de raisons , beau- » coup de raisons ; voilà ce qu'il nous faut. »

En lisant les discours prononcés à la chambre des

députés par le ministre des finances, on serait tenté
de croire qu'il a eu connaissance de ce conseil politique,
et qu'il a cru devoir en faire usage ; tant il s'applique
à multiplier les raisons, plutôt qu'à les choisir, et tant
il lui arrive souvent d'employer celles qui se choquent
le plus directement, afin d'en accroître le nombre.

Ces contradictions peuvent passer inaperçues, ou
être écoutées avec indulgence dans une improvisation ;
mais lorsqu'on les lit dans plusieurs discours, et même
dans les rapports travaillés avec le plus de soin, pour
être solennellement présentés aux chambres, on ne
sait comment expliquer de telles inadvertances, et il
faut les attribuer à ces illusions complètes qui égarent
sur tous les points les meilleurs esprits, quand un
faux système les a troublés.

Ainsi le ministre, en proposant successivement ses
deux projets sur les rentes, a prétendu qu'il donnerait
à la confiance publique une base plus solide, au crédit de l'état un développement nouveau ; et cependant
il a déclaré qu'il voulait mettre à profit des circonstances transitoires, une fièvre accidentelle, une erreur pas-
sagère, pour imposer aux créanciers une réduction perpétuelle ; ce qu'en affaires privées, la probité la plus vul-
gaire n'oserait pas se permettre (1) ; et il n'a pas craint de
faire entendre que cette réduction serait l'équivalent de
la contribution d'un cinquième sur le revenu des terres,
ce qui présente aux créanciers garantis par les lois contre
toute espèce de taxe, l'idée frappante d'une violation
de la foi publique (2) ; et il a cherché à prouver par des
exemples que le prix de rachat des 3 pour o/o serait in-

(1) *Exposé des motifs à la chambre des députés*, p. 2.
(2) 24 avril. *Discours à la chambre des députés*, p. 9.

férieur au prix pour lequel il les constitue (1); et il a déclaré en termels formels que s'il offrait le remboursement inexécutable de 2 milliards 800 millions, c'était parcequ'il serait aussi impossible aux créanciers d'utiliser ailleurs cette somme, qu'au gouvernement de la payer (2).

Ainsi, pour justifier son opération, soit en 1824, soit en 1825, il soutient que l'intérêt en France est à 4 pour cent; et pour prouver qu'elle fera refluer beaucoup d'argent dans les provinces, il assure que les habitants des départements ont retiré leurs capitaux de la rente au taux de 95, parcequ'ils étaient avertis qu'ils pouvaient les placer plus avantageusement que dans la rente, où ils n'avaient plus que 5 et demi pour o/o (3); et pour répondre à ceux qui lui reprochent de ne pas emprunter à 4 ou à 4 et demi, puisque, selon lui, c'est le taux actuel de l'intérêt, il déclare qu'il ne pourrait pas même emprunter à 5 ou à 6, comme s'il n'y avait aucune injustice à exiger des rentiers ce qu'il ne pourrait obtenir d'aucun capitaliste.

Ainsi, après avoir soutenu que l'accroissement de 33 1/3 pour o/o sur le capital n'est rien pour la France, et doit être considéré comme une pure fiction, il annonce que ceux qui ne veulent lui prêter ni à 5 ni à 6, lui prêteront à 4 au moyen de cette augmentation; comme s'il ne résultait pas de là une preuve incontestable que les capitalistes préfèrent ce dernier avantage à celui de 2 pour o/o de plus sur l'intérêt,

(1) 24 avril 1824, *à la chambre des députés*, p. 15. 18 mars 1825, p. 7.

(2). 31 mai 1824, *Discours à la chambre des pairs*, p. 4.

(3) 28 avril 1824, p. 17, *à la chambre des députés*.

et comme si cet avantage ne devait pas leur être payé
par les contribuables.

Ainsi, pour établir que la masse des capitaux doit
s'accroître beaucoup en France, il assure que les
étrangers y achèteront beaucoup de rentes; et pour
prouver que ces mêmes étrangers n'emporteront pas
la plus grande partie du milliard dont il accroît le capital de la dette, et n'obtiendront pas une trop grande
influence dans nos affaires, il affirme qu'ils ne pourront pas acheter des rentes parceque les nationaux
n'en vendront pas (1).

Ainsi il annonce aux rentiers que leurs titres pourront s'améliorer en capital jusqu'à ne porter qu'un
intérêt de 3 pour o/o (2), c'est-à-dire s'élever au pair;
il leur annonce qu'ils pourront gagner 33 1/3 pour
cent (3); il annonce aux indemnisés que les 3 pour o/o
qu'il leur offre ne resteront pas long-temps éloignés
du pair; et quand on lui rappelle combien une telle
élévation du prix des nouvelles rentes serait ruineuse
pour les contribuables, il dit qu'on ne doit pas redou-
ter cette élévation. Il montre qu'en Angleterre on a
racheté les 3 pour o/o pendant une série de vingt-deux
ans au cours moyen de 62 francs 50 centimes, et il
présente un tableau qui prouve qu'on les a rachetés
même à certaines époques au taux de 52 ou 53 (4).

Ainsi, dans les combinaisons de la loi nouvelle, il
fait entrer une prohibition absolue à la caisse d'amortissement d'acheter des rentes au-dessus du pair, et

(1) *Discours* du 24 avril 1824, p. 18, 20 et 21.
(2) 1824. *Exposé des motifs*, p. 5.
(3) Même *Exposé*, p. 8.
(4) 24 avril. *A la chambre des députés*, p. 9. Et *Tableau
des rachats de la dette anglaise*.

lorsque ses adversaires comparent les divers cours
auxquels pourra s'exécuter le rachat des rentes à 3 pour
o/o avec le rachat des 5 pour o/o au pair, il demande
comment on pourra éviter d'acheter ces dernières rentes au-dessus du pair; et dans un tableau de chiffres qu'il
présente officiellement aux chambres, il compare les
rachats des 3 pour o/o au-dessous du pair, avec les rachats des 5 pour o/o au-dessus du pair.

Ainsi, dans le moment même où il discute un projet de loi qui augmente d'un tiers le capital de la dette,
il fait entendre que tous les efforts de l'amortissement
devront avoir pour objet d'améliorer le capital (1),
comme s'il ne serait pas plus simple de ne pas surcharger ainsi le capital d'un milliard; et dans son rapport à la chambre des pairs, il s'exprime ainsi : « L'ex-
» tinction des capitaux est-elle plus profitable à l'état
» que celle des intérêts? Telle est la question *fort difficile*
» qu'il faut résoudre. » Comme si, dans son système,
cette question n'était pas solennellement résolue, puisqu'il accorde 33 francs 1/3 en capital pour racheter un
franc d'intérêt, et comme si nous ne devions pas
compter sur une solution qui nous coûte un milliard.

Ainsi, après avoir refusé, par respect pour je ne
sais quels traités (2), d'arrêter les rachats des 5 pour o/o
au-dessus du pair, lorsque ces rachats ne pouvaient
être que préjudiciables pour l'état, il propose de les
interdire en présentant aux chambres un tableau de

(1) *A la chambre des députés,* séance du 26 février; *Moniteur* du 27.

(2) *Moniteur* du 6 mars 1824. Le public n'a jamais connu
qu'il fût entré dans les conditions d'aucun emprunt que
l'état rachèterait les rentes au-dessus du pair.

chiffres qui prouve, comme nous l'expliquerons bientôt, que son projet crée pour l'état un grand intérêt à pouvoir faire de tels rachats.

Ainsi sa voix appelle à la bourse tous les rentiers, pour y réparer, s'ils le peuvent, en spéculant sur le capital, la perte qu'ils sont condamnés à subir sur leurs revenus ; et quand on lui peint les dangers de l'agiotage, il s'écrie : « C'est un mal sans doute, mais qui » porte avec lui son remède : on nous a fait l'énumération » tion de toutes les personnes qui vont agioter à la » bourse : je ne crains pas de le dire, tous ceux dont » ce n'est pas le métier ou la condition, y laisseront » leur fortune !.... (1). C'est donc là un remède !....» Sans doute son excellence a oublié d'ajouter que ces malheureux se brûleront la cervelle ou se précipiteront dans la Seine, et que leurs familles auront la ressource de la mendicité.

Quelle confiance, j'ose le demander, peut inspirer un système que son auteur est forcé de défendre par des moyens si contradictoires, et qui choquent à ce point la raison ? Nous allons voir que ses calculs ne soutiennent pas mieux l'examen que ses arguments, et que les tableaux de chiffres qu'il a mis sous les yeux des chambres donnent précisément des résultats opposés à ceux qu'il a cru pouvoir en déduire, et prouvent avec évidence le contraire de ce qu'il a voulu prouver en les produisant.

Calculs du ministre des finances.

Pendant le cours des deux discussions qui ont eu

(1) *Discours du 30 avril 1824, à la chambre des députés*, page 38.

lieu devant les chambres au sujet des rentes, les défenseurs des projets ministériels semblent s'être attachés à ne présenter que des motifs vagues, des résultats vagues, et de vagues espérances, éludant tout ce qui aurait eu assez de précision pour devenir l'objet d'une rigoureuse analyse, et pour être, si j'ose parler ainsi, attaqué corps à corps. Aussi, en prodiguant les mots sonores et les promesses brillantes, ont-ils montré une avarice inconcevable de calculs et de chiffres, dans une affaire où toutes les démonstrations doivent résulter des chiffres et des calculs.

Une seule fois, cette année, à la chambre des députés, le ministre des finances a cru devoir opposer un calcul à tous ceux qui avaient été produits contre lui ; et ce calcul est si prodigieusement inexact, que je n'oserais pas le dire sans rappeler ici textuellement les paroles de S. Exc. et sans présenter la démonstration arithmétique de son erreur.

« J'ai un calcul assez simple à soumettre à la cham-
» bre, a dit le ministre.

» Je suppose que la caisse d'amortissement ne soit
» dotée que de 75 millions au lieu de 77,500,000,
» parçeque le calcul que je vais établir sera plus suscep-
» tible d'être saisi par tout le monde. Cette caisse doit
» racheter tous les ans 3 millions de rente, en suppo-
» sant les 3 pour o/o à 75. Supposons aussi qu'il y at
» pour 50 millions de 5 pour o/o convertis en 3 pour
» o/o, il y aura 10 millions de profit pour les contri-
» buables ; car la conversion amenant une diminuion
» d'un cinquième, il y aura 10 millions d'intérêt de
» diminués. Ajoutons ces 10 millions à la caisse d'a-
» mortissement. Ici je réponds à l'orateur qui m'a pré-

» cédé et qui disait : Ou bien la réduction ira aux con-
» tribuables, et alors ne profitera plus à l'amortisse-
» ment, ou bien elle restera à l'amortissement, et ne
» sera plus avantageuse aux contribuables. Messieurs,
» l'amortissement est aux contribuables; de manière
» que si nous les mettons à l'amortissement, cela vien-
» dra à la décharge des contribuables; si nous les ren-
» dons aux contribuables, comme l'impôt en sera di-
» minué, il en résultera que c'est à leur profit qu'aura
» été faite la diminution. Je les suppose donc réunis à
» l'amortissement, et je dis : 75 millions rachètent trois
» millions de rente. Tant que le cours des 3 pour o/o
» n'aura pas monté de 75 à 85, je n'ai que du béné-
» fice; car j'ai d'un côté 10 millions, et de l'autre,
» j'achète des rentes au-dessus de 3 millions. »

« Lorsque les 3 pour o/o seront à 85, il m'en coû-
» tera 10 millions de plus pour racheter 4 millions de
» rente (1), par conséquent c'est au taux de 85 qu'il
» faut que tous les achats de la caisse d'amortissement
» soient faits sur les 3 pour o/o, pour qu'il n'y ait ni
» perte ni bénéfice. »

Qui ne croirait, et quel député n'a pas dû croire,
après une déduction si positive, après une assertion si
solennelle, que la conversion de 50 millions de rente
5 pour o/o en rentes à 3 pour o/o, dont le rachat serait
fait à 85, ne produirait aucune perte pour les contribuables? Eh bien! cette opération, telle que le ministre l'a annoncée et déterminée lui-même, mettrait à
la charge des contribuables une perte de plus de 91
millions. En voici la preuve.

(1) Le ministre a dit sans doute 3 millions.

RACHAT DE 50 MILLIONS DE RENTES, 5 POUR 0/0 AU PAIR, AVEC UNE DOTATION DE 75 MILLIONS.

	PUISSANCE de la Caisse par semestre.	SOMMES rachetées par semestre.
	fr	fr
22 mars.	37,500,000	1,875,000
	937,500	
1er, 22 sept.	38,437,500	1,921,875
	960,937	
22 mars.	39,398,437	2,969,921
	984,960	
2e, 22 sept.	40,583,397	2,019,169
	1,009,584	
22 mars.	41,592,981	2,069,649
	1,034,824	
3e, 22 sept.	42,427,805	2,121,390
	1,061,695	
22 mars.	43,488,500	2,274,425
	1,087,212	
4e, 22 sept.	44.576,712	2,228,785
	1,113.398	
22 mars.	45,690,104	2,284,505
	1,142,252	
5e, 22 sept.	46,832.356	2,341,617
	1,170,808	
22 mars.	48,003,164	2,400,158
	1,200,079	
6e, 22 sept.	49,203,243	2,460,162
	1,230,081	
22 mars.	50,433,324	2,521,666
	1,260,833	
7e, 22 sept.	51,694,157	2,584,707
	1,292,353	
22 mars.	52,986,510	2,949,325
	1,524,662	
8e, 22 sept.	54,311,172	2,715,558
	1,357,779	
22 mars.	55,668,631	2,783,447
	1,391,723	
9e, 22 sept.	57,060.674	2,853,033
	1,426,516	
22 mars.	58,487,190	2,924,359
	1,462.179	
10e, 22 sept.	56,949,369	2,997,468
4 mois, 1/4 de mois. ..		2,105,781
Rachat en 10 ans 4 mois, 1/4 de mois		50,000,000

RACHAT DE 40 MILLIONS DE RENTES, 3 POUR 0/0 AU COURS DE 85, AVEC UNE DOTATION DE 85 MILLIONS.

	PUISSANCE de la Caisse par semestre	SOMMES rachetées par semestre
	fr	fr
22 mars.	42,500,000	1,500,000
	750,000	
1er, 22 sept.	43,250,000	1,526,470
	763,235	
22 mars.	44,013,235	1,553,408
	776,704	
2e, 22 sept.	44,789,939	1,580,821
	790,410	
22 mars.	45,580,349	1,608,718
	804,359	
3e, 22 sept.	46,384,708	1,637,107
	818,553	
22 mars.	47,208,261	1,665,996
	382,998	
4e, 22 sept.	48,036,259	1,695,397
	847,698	
22 mars.	48,885,957	1,725,316
	862,658	
5e, 22 sept.	49,745,615	1,755,762
	877,881	
22 mars.	50,624,496	1.786,746
	893,373	
6e, 22 sept.	51,517,869	1,818,277
	909,138	
22 mars.	52,427,007	1,850,364
	925,182	
7e, 22 sept.	53,352,189	1,883,018
	941,509	
22 mars.	54,293,698	1,916,248
	958,124	
8c, 22 sept.	55,251,822	1,950,064
	975,032	
22 mars.	59,226,854	1,984,477
	992,238	
9e, 22 sept.	57,219,092	2,019,497
	1,009,748	
22 mars.	58,228,840	2,055,135
	1,027,567	
10e, 22 mars.	59,256,407	2,091,402
	1,045,701	
22 mars.	60,302,108	2,128,309
	1,064,154	
11e, 22 sept.	61,366,262	2,165,868
1/4 de mois.		101,600
Rachat en 11 ans 1/4 de mois.		40,000,000

Il résulte de ce tableau bien simple, et dont chacun peut vérifier l'exactitude, 1° que 5o millions de rente 5 pour o/o seraient rachetés par une caisse d'amortissement dotée de 75 millions dans l'espace de dix ans quatre mois et un quart de mois ; 2° que pour racheter 4o millions de rente 3 pour o/o, une caisse d'amortissement dotée de 85 millions devrait continuer son action pendant onze ans et un quart de mois.

Dès lors nous devons dire :

Rachat de 5o millions de rente 5 pour o/o.

Pour atteindre à la libération de 5o millions de rente 5 pour o/o, l'état aurait à payer :

1° 5o millions pendant dix ans quatre mois et un quart de mois aux rentiers, ou à la caisse d'amortissement qui aurait acquis leurs créances.   517,702,019 f.

2° 75 millions à la caisse d'amortissement pendant dix ans quatre mois un quart.   776,562,500 f.

                                                1,294,264,519 f.

Rachat de 4o millions de rente 3 pour o/o.

Pour se libérer de 4o millions de rente 3 pour o/o, l'état aurait à payer :

1° 4o millions pendant onze ans et un quart de mois aux rentiers, ou à la caisse d'amortissement qui aurait acquis leurs créances. . . . .   440,833,333 f.

2° 85 millions à la caisse d'amortissement pendant onze ans un quart de mois. . . . .   936,770,833 f.

                                                1,377,604,166 f

Report. . . . 1,377,604,166 f.

La libération des 50 millions de rente 5 pour o/o aurait coûté. . . 1,294,264,519 f.

Excédant à payer par les contribuables dans le système des 3 pour o/o.. . . . . 83,339,647 f.

Ajoutons pour l'assiette le recouvrement, le transport, le paiement de ces excédants à raison de 10 pour o/o.. . . . . 8,333,964 f.

Perte résultant de la réduction pour les contribuables. . . . . . . 91,673,611 f.

Perte pour les rentiers, 10 millions de rente au capital de . . . . 200,000,000 f.

Perte totale des sujets du roi au profit des étrangers et de l'agiotage. 291,673,611 fr.

Il est donc bien démontré qu'en adoptant toutes les suppositions, toutes les combinaisons présentées par le ministre lui-même, et en restreignant son opération à 50 millions de rente, comme il l'a proposé, on ne priverait les rentiers de 10 millions de rente que pour faire payer aux contribuables 91 millions de plus que dans le système des 5 pour o/o. Que serait-ce donc si l'opération était calculée sur les 140 millions de rente que l'on a manifesté l'intention de réduire? On aurait précisément le résultat que j'ai présenté dans mes observations, page 37. Tant il est de l'essence de la vérité de se reproduire dans toutes les combinaisons, de pouvoir subir toutes les épreuves, et d'en sortir toujours vivante, toujours plus lumineuse et plus invincible.

Je profite de cette occasion pour dire que tous les calculs insérés dans mes observations ont été faits sur des tableaux pareils à celui que je viens de mettre sous les yeux du lecteur : ils sont donc à l'abri de toute critique. Je dois ajouter qu'en supposant même le rachat des 3 pour o/o au cours de 80, on trouverait encore une grande perte pour les contribuables. Il n'y a donc aucune combinaison possible où la conversion puisse être utile, et s'il y en avait une, le ministère ne l'aurait-il pas présentée appuyée par des chiffres, comme le sont les objections qu'on lui oppose? Et cependant il ne craint pas de poursuivre son système au milieu des rumeurs de l'opinion publique, au milieu des terreurs dont la bourse est saisie, au milieu de la conviction la plus générale et la plus opposée à ses projets qui se soit manifestée jamais sur des questions de finance et d'économie publique ; et il ne craint pas de proposer à la chambre des pairs de se mettre en contradiction avec elle-même, en acceptant cette année ce qu'elle rejeta si solennellement l'année dernière, aux applaudissements de la France entière !...

Résultat comparatif du fonds d'amortissement, supposé s'élever à 77 millions, en rachat·de rente à 3 ou 5 pour o/o, imprimé par ordre du ministre des finances, et distribué aux chambres.

J'ai dit dans mes Observations, page 79, au sujet d'une disposition de la loi sur les rentes : « En vérité, » si j'aspirais à faire admettre une pareille mesure, » mon premier soin serait de proposer une loi pour » changer les règles de l'arithmétique. »

On pourrait croire que les auteurs du projet ont pris ce conseil au sérieux; car ils ont porté le ministre à tenter de faire reconnaître dans les deux chambres l'impossibilité de fixer une proportion exacte entre les cours auxquels il serait plus ou moins avantageux pour l'état de racheter à la bourse des 5 ou des 3 pour o/o; et certes, une telle impossibilité ne pourrait résulter que d'une innovation fort notable dans la législation des calculs.

Je vais tâcher d'éclaircir ce qu'on a jeté avec tant d'art et de soin dans l'obscurité.

Pour donner une grande valeur aux 3 pour o/o, dont la hausse est si nécessaire aux grands spéculateurs, et serait si funeste aux contribuables, que le ministre est forcé d'en contester la probabilité, on a épuisé tout l'artifice des combinaisons.

Par une disposition première, on assure pour cinq ans à la caisse d'amortissement sa puissance actuelle de 77,500,000, en renonçant au droit d'annuler avant ce terme les rentes qu'elle a rachetées : disposition que je suis fort loin de censurer, dans un moment où l'on accroît de deux milliards le capital de la dette, et que je rappelle seulement comme faisant partie du système de faveur créé au profit des 3 pour o/o.

Par une seconde mesure, abusant d'un principe vrai, qui est que *l'état n'a pas l'obligation* d'acheter des rentes au-dessus du pair, on ôte à l'État *le droit* de faire de tels achats, lors même qu'il y trouverait un avantage immense, comme, par exemple, si les 3 pour o/o montaient à 90, à 95, à 99, et si les 5 pour o/o étaient offerts à 101 ou à 102. Cette seconde mesure, si manifestement contraire à l'intérêt public, ne peut être imposée que par l'agiotage et à son profit.

Mais ce n'était pas assez de garantir par ce moyen les 3 pour o/o de la concurrence des 5 lorsque ceux-ci, étant au-dessus du pair, offriraient cependant un grand bénéfice à la caisse d'amortissement : on a voulu garantir encore les 3 de cette concurrence, lors même que les 5 seraient au-dessous du pair.

Dans cette vue, on a dressé, avec de faux éléments, un tableau tellement conçu, qu'il ne présente aucune position où il ne fût avantageux d'acheter des 5 pour o/o au-dessus du pair, et aucune où il ne fût désavantageux d'en acheter au-dessous du pair, en concurrence avec des 3.

Ainsi, en prenant ce tableau pour règle, on ne pourrait jamais acheter des 5 pour o/o au-dessus du pair, quoiqu'on y trouvât un grand profit, parceque la loi le défendrait, et on ne pourrait jamais en acheter au-dessous du pair, parcequ'on y trouverait de la perte.

Pour bien comprendre ceci, il ne faut pas perdre de vue que la loi qu'on discute a pour objet d'obtenir le rachat d'un franc de rente au prix de 33 francs 1/3 constitués en capital.

Je crois que cette opération est fort mauvaise, et j'ai tâché de le démontrer : mais si elle est sanctionnée par la loi, je devrai la respecter, et sans doute le ministre ne voudra pas la décrier ; dès lors il ne doit pas interdire à la caisse d'amortissement de la faire au profit de l'état, chaque fois qu'elle en aura l'occasion. Cette caisse devra donc, dans ce système, préférer toujours, dans ses opérations, le rachat d'un franc de rente à celui de 33 fr. 1/3 de capital, et plus encore à celui de toute somme de capital inférieure.

D'après cette règle, la caisse d'amortissement devra accepter le rachat d'une rente de 5 fr. à 100 fr. plutôt que le rachat de 4 fr. de rente au même prix de 100 fr. en 3 pour o/o à 75, ainsi que je l'ai expliqué dans mes observations page 78. Elle doit, de même, donner la préférence au rachat des 5 pour o/o, chaque fois que la rente à 3 pour o/o haussant d'un fr. au-dessus de 75, la rente à 5 ne hausse pas de plus d'un fr. 33 c. 1/3 au dessus de cent, ou chaque fois que les 3 pour o/o baissant d'un fr., les 5 pour o/o baissent d'un fr. 33 1/3 c., parceque dans tous ces cas, elle choisit précisément 1 fr. de rente balancé contre 33 fr. 1/3 de capital, comme le fait la loi.

Pour vérifier ce qui vient d'être exposé, on peut comparer d'après le tableau ministériel le rachat des 3 pour o/o à 78, avec le rachat des 5 pour o/o à 104 ou celui des 3 pour o/o à 81, avec le rachat des 5 pour o/o à 108o etc. On trouvera que dans ces deux cas et dans tous les cas analogues, l'opération sur les 5 produit le même avantage que si on les achetait à 100 fr., en concurrence avec des 3 pour o/o à 75 : je veux dire celui d'obtenir, en sacrifiant 33 1/3 francs sur le capital, suivant le système de la loi, chaque franc de rente racheté de plus que dans les 3 pour o/o. On trouvera le même résultat, en comparant le rachat des 5 pour o/o à 96, avec celui des 3 pour o/o à 72.

Veut-on reconnaître en faisant usage du tableau comparatif distribué aux chambres, s'il y a avantage dans les rachats de rente à 5 pour o/o comparés avec les rachats de rentes à 3? il suffit de multiplier par 33 1/3 les intérêts que la première de ces opérations éteint de plus que la seconde. Si le produit surpasse le montant du capital éteint en plus dans les 3 pour o/o, il est manifeste qu'il faut préférer le rachat des 5; si, au contraire, le produit reste inférieur au même capital, il faut préférer le rachat des 3.

Ce calcul se trouve établi au moyen de deux colonnes que j'ai ajoutées au tableau ministériel, imprimé à la suite de cet écrit, et voici ce qu'il prouve :

1° Les opérations de la caisse d'amortissement sur les 5 pour o/o donnent toujours du bénéfice, dans les rachats comparatifs supposés par le tableau au-dessus du pair, c'est-à-dire au-dessus de 75 pour les 3 pour o/o et de 100 pour les 5.

Prenons pour exemple le cours le plus élevé du tableau. C'est le 3 à 85 et le 5 à 110. Dans ce cas, le capital racheté dans les 3 pour o/o excède le capital racheté dans les 5 de 20,721,927, mais l'intérêt éteint dans les 5 excède l'intérêt éteint dans les 3 de 787,433 fr. qui, multipliés par 33 1/3, représentent un capital de 26,247,766. Le bénéfice du rachat dans les 5 pour o/o est donc de 5,525,839.

2° Les opérations sur les 5 pour o/o donnent de la perte dans toutes les suppositions du tableau au-dessous du pair.

Prenons pour la baisse, comme nous l'avons fait pour la hausse, le terme extrême. C'est le rachat des 3 pour o/o à 60, comparé avec le rachat des 5 pour o/o à 85. Dans ce cas, on rachète en plus sur les intérêts dans les 5 pour o/o 683,824 fr., qui, multipliés par 33 1/3, repré-

sentent 22,794,063, et on rachète en moins sur le capital 37.990,169: on perdrait donc en opérant sur les
5 pour o/o 15,196,063.

On voit combien le ministre s'est trompé ; on voit
qu'il a exprimé le contraire de ce que démontre son tableau, lorsqu'il a dit, le 25 mars, à la chambre des députés, en répondant à M. Mestadier : « N'est-il pas clair,
» par le tableau qui a été mis sous vos yeux, que dès le
» lendemain du jour où les 5 pour o/o tomberont au-
» dessous du pair, l'intérêt de l'état est d'acheter des
» 5 pour o/o?

Il est clair, au contraire, que les auteurs du tableau ont
eu la prétention d'exclure toute espèce de rachat du
5 pour o/o, puisqu'après la prohibition d'en acheter au-
dessus du pair, quoique de tels achats pussent être
avantageux à l'état, ils ont combiné leurs calculs de
manière à établir qu'il serait toujours préjudiciable à
l'état d'en acheter au-dessous; mais ces calculs sont
faux autant qu'artificieux, et ce qui prouve que le ministre les a acceptés de confiance, c'est qu'il leur a attri-
bué un résultat opposé à celui que réellement ils présen-
tent.

Le vice du tableau est d'avoir comparé toujours, la
hausse ou la baisse d'un fr. sur 3 fr. de rente à 75, avec
la hausse ou la baisse d'un franc sur 5 fr. de rente à
100 : il aurait fallu comparer la hausse ou la baisse
d'un fr. sur les 3 à la hausse ou la baisse d'un fr. 33 c.
1/3 sur les 5.

Alors on peut établir cette règle générale :

1° Chaque fois que la hausse des 5 pour o/o au-dessus du pair n'excèdera pas de plus d'un tiers celle des
5 pour o/o au-dessus de 75, on pourra acheter des 5

pour o/o ; quand elle excèdera cette proportion, on achètera des 3.

2° Chaque fois que la baisse du 5 pour o/o au-dessous du pair n'excèdera pas d'un tiers celle du 3 p. o/o au-dessous de 75, on achètera du 3 ; quand elle excèdera dans cette proportion, on achètera du 5.

Le ministre est donc tombé dans une grande erreur, lorsqu'il a dit, en répondant à M. Humann, le 24 mars, qu'il y avait *ici une progression irrégulière, suivant les divers cours,* et que par conséquent on ne pouvait *appliquer une règle positive à l'action de l'amortissement.*

L'irrégularité n'existe que dans les calculs qu'on a fait adopter à Son Exc. ; en les rectifiant rien n'est plus facile que de tracer une règle invariable, et toujours dans l'intérêt de l'état.

Je prie de remarquer qu'en indiquant cette règle fondée sur une progression très régulière, je propose seulement d'attribuer à la caisse d'amortissement la faculté d'acheter des 5 pour o/o au-dessus du pair, sans lui en imposer l'obligation. Je pense en effet qu'en pareil cas, on ne doit rien à l'intérêt des créanciers dont tous les droits sont épuisés lorsque leurs rentes sont au pair. Aussi, n'est-ce pas en leur faveur que je réclame ; mais en faveur de l'intérêt public, en faveur de l'état, qui ne peut pas s'interdire à lui-même, sans choquer le bon sens, des opérations dont l'administration serait l'arbitre, et qu'elle jugerait profitables. Une si étrange disposition ne serait évidemment qu'une garantie honteusement donnée aux agioteurs qui veulent spéculer sur les 3 pour o/o.

En Angleterre, il n'y a aucun exemple de rachats de fonds publics faits au-dessus du pair, parceque jamais on n'eut occasion d'en faire avec profit : mais je ne connais aucune loi qui les y prohibe, et j'ai dans mes mains une lettre d'un des membres les plus illustres de la chambre des pairs anglaise, qui pense que, dans des circonstances données, les commissaires de l'amortissement pourraient et devraient faire des rachats au-dessus du pair.

Pourquoi récuserions-nous un tel exemple, lorsqu'il s'agit de conserver à l'administration la liberté de ses mouvements ? Quel avantage le ministère peut-il trouver à s'enchaîner lui-même, et à se mettre, pour ainsi dire, pieds et poings liés à la merci des spéculateurs ?

Tableau du cours de la dette anglaise de 1802 à 1824 distribué aux chambres, et démonstration matérielle tirée de ce tableau contre le système des 3 pour cent.

Après avoir énoncé en plusieurs circonstances, comme je l'ai rappelé déjà, que les 3 pour o/o pourraient s'élever au pair; que les rentiers pourraient gagner 33 1/3 pour o/o sur leur capital; que les rentes destinées à l'indemnité ne resteraient pas trop longtemps éloignées du pair, le ministre, ne pouvant contester des calculs irrécusables, et forcé de reculer à l'aspect du dommage immense qu'une telle hausse causerait aux contribuables, s'est vu dans la nécessité de combattre ses propres assertions, et d'employer ses efforts pour établir que le cours moyen des 3 pour o/o n'excéderait pas 85. C'est dans cette vue qu'il a fait distribuer un tableau du cours des rachats de la dette anglaise pendant une série de vingt-deux années, après avoir tâché de prouver par un calcul à sa manière, qu'au cours moyen de 85 il n'y aurait *ni perte ni profit pour les contribuables.*

J'ai démontré sans réplique l'erreur énorme de ce calcul, et je n'ai pas besoin de dire combien serait d'ailleurs inexcusable une administration qui voudrait détruire 28 millions de revenus dans les mains des rentiers, *sans aucun profit pour les contribuables*

Voyons maintenant si le ministre, dans les conséquences qu'il a tirées du tableau des rachats de la dette anglaise, ne s'est pas trompé aussi complètement que dans son calcul sur la rente française au cours de 85.

Le tableau présente, de 1802 à 1816 inclusivement, quinze années de guerre ou d'embarras extrêmes produits par la guerre, pendant l'année qui suivit la paix.

Il présente ensuite sept années et trois mois de paix, parmi lesquelles, quatre, au moins, furent un temps de gêne, de besoin et d'emprunt. Les trois dernières années peuvent seules être comptées comme des années de calme complet et de prosperité financière.

Pendant les quinze années de guerre, le cours des 3 pour o/o, en Angleterre, varia de 52 fr. à 68 fr. Il avait été plus bas encore avant 1802, et un document officiel, que j'ai cité dans mes observations, constate que le taux moyen des emprunts, du 5 janvier 1793 au 5 janvier 1822, fut à 59 liv. 10 s. Il suit de là, qu'en empruntant sur un intérêt nominal de 3 pour o/o, l'Angleterre a payé un intérêt réel de 5 o s. 10 d., et s'est chargée de 168 liv. 1 s. en capital pour chaque somme de 100 liv. entrée dans ses caisses.

Tel a été pour cette puissance, au temps des emprunts, l'effet du système des 3 pour o/o. Si elle ne l'eût pas connu, si elle eût emprunté sur des rentes à 5 l. pour o/o, elle n'aurait payé que le même intérêt de 5 o s. 10 d. auquel elle s'est réellement soumise; et elle n'aurait presque pas accordé de bonification sur le capital, en sorte que sa dette serait de deux cinquièmes moins forte qu'elle ne l'est aujourd'hui.

Mais lorsque les temps de prospérité succèdent aux temps de détresse; lorsque l'état commence à opérer sa libération, le cours des rentes s'élève rapidement; et nous voyons dans le tableau ministériel qu'au mois de mars 1824 les 3 pour o/o à la bourse de Londres étaient à 93 1/2. Ils s'y sont maintenus depuis plus d'un an, et même ils ont été à des cours plus élevés ; et personne ne doute qu'ils ne s'y maintiennent, ou qu'ils ne montent plus haut, si des orages politiques ne viennent pas troubler l'Europe. L'Angleterre alors sera condamnée à payer plus de 93 liv. 1/2 ce qu'elle a livré à 59 liv. 10 s.

Nous pouvons donc dire au ministre des finances : Votre tableau prouve que le cours des 3 pour o/o était très bas en Angleterre quand elle empruntait ; c'est à ce cours que la France pourra emprunter, si la guerre ou d'autres circonstances lui imposent des besoins, *et si son crédit est égal à celui dont l'Angleterre a joui dans les mêmes circonstances.* C'est à des cours plus bas encore qu'elle empruntera, si son crédit, comme on n'en saurait douter, est plus affecté par la guerre, que celui de sa rivale.... Votre tableau prouve que le cours des 3 pour o/o est très élevé en Angleterre pendant la paix : hé bien, c'est à ce cours que la France devra, comme l'Angleterre, acquitter sa dette : ainsi vous

créez un effet nouveau qui vous forcera à vous surcharger de capitaux immenses pendant la guerre, et à
les payer pendant la paix.

En effet, lorsque les besoins d'un état amènent le
discrédit et la baisse de ses effets, les opérations que
l'amortissement peut faire à vil prix ne libèrent pas
le trésor, qui emprunte d'un côté beaucoup plus qu'il
ne rachète de l'autre ; elles n'ont aucun autre effet
que celui de soutenir faiblement la valeur des fonds
publics.

Pendant que la guerre a tenu les fonds anglais en
baisse, l'Angleterre a-t-elle diminué sa dette ? non
sans doute ; elle l'a augmentée au contraire de plus
de quinze milliards de francs. Il faut être condamné par
un système plein d'erreurs à se réfugier sous la protec-
tion de la baisse, pour présenter les cours auxquels un
pays est forcé d'emprunter, comme les cours auxquels
il pourra se libérer.

En résultat, le tableau des rachats de la dette anglaise, produit par le ministre des finances, met hors
de doute ce qui a été constamment soutenu par les
adversaires du projet, savoir, que le système proposé
doit être excessivement onéreux dans les temps difficiles, en forçant à constituer, quand on empruntera,
d'énormes capitaux qu'on n'aura pas reçus ; excessivement onéreux dans les temps de prospérité, en forçant à payer par l'intermédiaire de la caisse d'amortissement la plus grande partie de ces capitaux dont on
n'aura pas profité.

Dangers du système nouveau introduit par le projet de loi.

Subirons-nous une loi que le ministère lui-même

n'a défendue qu'en adoptant, sans avoir pu les vérifier sans doute, des calculs faux, des tableaux inexacts
et des combinaisons mensongères !

Si elle était sanctionnée, cette loi, son plus grand
mal, ne serait ni dans le sacrifice de 28 millions
de rente qu'elle ferait perdre aux rentiers, ni dans
la surcharge d'un milliard dont elle menacerait les
contribuables : il serait dans le fatal système d'emprunt qu'elle imposerait à l'avenir à la France; dans
ce système qui a coûté tant de milliards à l'Angleterre,
dans ce système dont M. Pitt sentit si vivement le
danger, dès le commencement de la guerre; mais dont
il lui fut impossible d'affranchir son pays, parceque
les besoins d'argent les plus impérieux le mettaient à
la discrétion des capitalistes, comme nous avons la
folie de nous y mettre, lorsque nous pourrions, grâce
à notre prospérité, leur dicter la loi.

Quelques personnes ont demandé si M. Pitt avait
jamais exprimé en termes formels, ses sentiments
au sujet des emprunts à 3 pour o/o et des accroissements accordés sur les capitaux, dans les emprunts
publics. Certes les faits, sur cette matière, ont bien
plus d'éloquence que les paroles, et les opinions de ce
ministre sont assez clairement manifestées par les efforts qu'il ne cessa de faire, soit pour substituer les
emprunts à 5 pour o/o aux emprunts à 3, soit pour
atténuer les funestes effets de ces derniers, en impo-
sant la contribution du dixième des revenus, et en faisant autoriser le rachat de la taxe sur les terres; toutefois l'expression écrite et bien positive des idées de
M. Pitt sur ce point ne nous manque pas.

Voici comment il s'exprimait le 30 novembre 1796,

dans une lettre qu'il adressa aux directeurs de la banque d'Angleterre , pour les inviter à favoriser l'emprunt qu'il voulait faire à 5 pour o/o, et qui fut dans la uite appelé emprunt de loyauté.

« Messieurs, les circonstances actuelles font juger » très important d'adopter des moyens pour assurer » le service de l'année prochaine , sans imposer à l'état » une charge annuelle aussi pesante, et sans le grever » *d'un, accroissement de capital aussi considérable qu'il* » *faudrait le faire, en négociant un emprunt dans la* » *forme accoutumée* (c'est-à-dire à 3 pour o/o) au prix » actuel des fonds : c'est dans cette vue , etc. »

A cette lettre était jointe une note destinée à expliquer les conditions de l'emprunt nouveau proposé par M. Pitt ; elle commençait en ces termes :

« Chaque souscripteur recevra pour une somme » de 100 livres prêtée, une reconnaissance de 110 livres, » dont l'intérêt lui sera payé par semestre *à raison* » *de* 5 *pour* o/o, etc. »

On voit qu'après une expérience de trois années de guerre, le ministre anglais avait mesuré toute l'étendue du mal que devait faire à son pays le système des emprunts à 3 pour o/o, il voulait le remplacer par des emprunts à 5 beaucoup moins onéreux. Mais il n'obtint qu'un succès éphémère , et l'année suivante, voulant diminuer autant que possible la nécessité de ces négociations ruineuses à 3 pour o/o avec augmentation de capital , il établit l'impôt du dixième des revenus, et peu après il fit décréter le rachat de la taxe sur les terres.

Dans le discours qu'il prononça au parlement le 2 avril 1798, en proposant cette dernière mesure, on

trouve le passage suivant : « S'il est possible de dimi-
» nuer *le capital* de la dette consolidée, *qui est le point*
» *le plus embarrassant pour nous*, les motifs en sont basés
» sur la politique la plus sage et la plus positive : c'est
» d'après ce principe que la chambre a opéré; elle a
» senti la nécessité de lever une somme considérable
» cette année (l'impôt du dixième). »

On peut juger maintenant si M. Pitt, qui accroissait
dans une si étonnante proportion les charges annuelles
au milieu de la guerre, pour éviter d'accroître le capital de la dette publique, aurait consenti, dans un
temps de paix, à augmenter le capital d'un tiers pour
diminuer d'un cinquième la charge annuelle.

Le présent seul n'occupait pas cet homme d'état.
Sa vue puissante et sa prévoyante sollicitude embras-
saient aussi l'avenir. Le 24 novembre 1796, en proposant des impôts pour soustraire l'Angleterre à la nécessité d'augmenter avec tant de dommage pour les
intérêts publics le capital de ses dettes, il disait :
« Nous devons réfléchir combien les efforts que nous
» ferons pour conserver les biens dont nous jouissons,
» nous mettront à même de transmettre à la postérité
» les richesses nationales, libres de toute atteinte, et
» par ce moyen nous assurerons le maintien du rang
» dans la balance des nations, que nos ancêtres ont su
» si heureusement conserver... » Plus loin, il s'écriait,
en répondant à des objections : « Sacrifierons-nous, ou
» sauverons-nous à notre postérité une somme de 40
» ou 50 millions de livres sterling? »

Ne pourrions-nous pas nous écrier à notre tour : Sacrifierons-nous, ou sauverons-nous à notre postérit

un milliard dont on propose de la charger immédiate-
ment, et les nombreux milliards qu'un système funeste
lui imposera dans la suite , si nous avons le malheur
de l'adopter ?....

Les résultats désastreux des emprunts avec accroissement de capital se manifestèrent dans la Grande-
Bretagne pendant la guerre, avec une telle évidence,
que tous les bons esprits s'accordèrent à les proscrire; et
sir John Sinclair , qui publia , quelque temps après le
traité d'Amiens, l'histoire du revenu public de l'empire
britannique, en fait, dans cet ouvrage célèbre, la cen-
sure la plus vive comme la plus juste.

« Le premier principe à établir par l'état , dit-il
» (tome I, page 373), c'est de n'être jamais engagé à
» payer un *iota* de plus que le capital originairement
» emprunté. Ajouter un capital artificiel à un capital
» réel, obliger l'état à payer 100 livres lorsque, peut-
» être, il n'en a pas reçu 50 ou 60, c'est la plus per-
» nicieuse de toutes les opérations financières : et tout
» ministre qui proposerait au parlement un pareil projet,
» devrait être mis en accusation (1). »

Le taux nominal de 3 pour o/o n'empêche pas que,
dans les emprunts faits à ce titre, l'état ne paie réellement à raison de 5 ou 6 pour o/o, et quelquefois
davantage, l'intérêt de l'argent versé par les capitalistes
dans les caisses; et sir John Sinclair nous en offre un
exemple bien frappant dans le tableau ci-dessous de
l'emprunt de loyauté fait par M. Pitt à 5 pour o/o, et
d'un emprunt à 3 pour o/o qu'il fut obligé de faire
dans le courant de la même année 1797.

(1) And any minister that proposed such a plan in parlia-
ment , ought to be made liable to impeachment.

	CAPITAL reçu dans les caisses publiques	CAPITAL dont l'etat se reconnut débiteur	TAUX REEL de l'intéret dont l'état fut chargé
1° Emprunt de loyauté à 5 pour o/o.	fr 18,000,000	fr 20,124,843	5. 14. 1.
2° Emprunt à 3 p. o/o.	14,500,000	28,275,000	6. 6. 10.

Ainsi, sous l'apparence trompeuse d'un emprunt à 5 pour o/o, on fit un emprunt à 6 1/3, et on se chargea d'un capital à peu près double de celui qu'on recevait.

Voilà les belles affaires qu'on nous prépare par le projet de loi que la chambre des pairs va discuter.

Ce projet a contre lui :

1° L'autorité de tous les hommes d'état d'Angleterre, depuis M. Pitt jusqu'à ceux qui dirigent actuellement avec tant de gloire l'administration de cette patrie du crédit.

2° L'autorité de tous les écrivains qui ont traité des emprunts publics : le docteur Price, auteur du système d'amortissement fondé par M. Pitt; M. Morgan, éditeur et commentateur des ouvrages de Price; le chevalier Steward, qui a fait des recherches si profondes sur l'économie politique; M. Colquhoun, qui a écrit sous l'influence du ministère anglais; sir John Sinclair, l'historien célèbre du revenu public de l'empire britannique; M. Robert Hamilton, qui a enrichi l'Europe d'un excellent traité sur la dette anglaise.

3° L'autorité d'une double expérience, puisqu'il a été si fatal à la Grande-Bretagne pendant la dernière guerre, et puisque le système contraire a obtenu depuis la paix des résultats si satisfaisants et si utiles, soit en Irlande, soit en Angleterre.

4° L'autorité des calculs ; aucun de ceux qui ont

été produits pour le combattre, n'ayant pu être contesté, tandis qu'aucun de ceux dont a voulu l'appuyer n'a pu soutenir un moment d'examen.

Tant d'opinions imposantes seront-elles balancées par des opinions contraires? opposera-t-on quelques faits à des faits si certains et si décisifs? citera-t-on quelque écrivain célèbre qui ne s'accorde pas avec ceux que j'ai nommés? non, sans doute : aussi l'Europe voit-elle nos longs débats avec étonnement. En Angleterre, en Allemagne, en Italie, on exprime à ce sujet des sentiments dont notre amour-propre pourrait n'être pas flatté, et surtout on se promet bien de ne pas se livrer à la ruineuse déception dont quelques spéculateurs avides ont osé tenter de nous rendre victimes. Si nous étions condamnés à la subir, nous en conserverions le privilége...

Mais ce malheur et cette humiliation seront épargnés à la France. Ses vœux, ses souvenirs et son espoir se portent en même temps vers le premier corps de l'état, vers cette grande et forte institution de la pairie, qui touche au trône par la dignité, par l'hérédité ; qui touche au peuple par ses possessions, par ses intérêts civils : sauvegarde naturelle des rois, contre les erreurs qui pourraient altérer l'amour des sujets ; sauvegarde puissante des sujets contre les systèmes qui menaceraient leur fortune et leur avenir, en trompant les paternelles intentions des rois.

Jamais les pairs de France n'auront une occasion plus belle de faire éclater ce double avantage de leur noble destination.

Résultat comparatif de l'emploi du fonds d'amortissement (supposé s'élever à 77,500,000 fr.) en achat de rentes à 3 pour o/o.

COURS des 3 pour 0/0	INTÉRÊTS	DETTE ÉTEINTE DANS UNE ANNÉE. en capitaux.	en intérêts.	COURS des 5 pour 0/0	INTÉRÊTS	DETTE ÉTEINTE DANS UNE ANNÉE, en capitaux.	en intérêts.	DIFFÉRENCES que produirait la préférence donnée aux rachats des 5 pour o/o. en moins sur les capitaux.	en plus sur les intérêts.	COLONNES AJOUTÉES pour montrer le vrai résultat du tableau ministériel. Valeur des intérêts gagnés dans les 5 p. 0/0, à raison de 33 1/3 pour un franc de rente.	Différence de la valeur des intérêts gagnés au montant des capitaux gagnés dans les 3 p. o/o.
fr.	fr. c.	fr.	fr.	fr.	fr. c.	fr.	fr.	fr.	fr.	fr.	fr.
60	5 00	129,166,667	3,875,000	85	5 88	91,176,471	4,558,824	37,990,196	683,824	22,794,133	15,196,063
61	4 92	127,049,180	3,811,475	86	5 81	90,116,279	4,505,814	36,932,901	694,339	23,144,633	13,788,268
62	4 94	125,000,000	3,750,000	87	5 75	89,080,460	4,454,023	35,919,540	704,023	23,467,433	12,452,107
63	4 76	123,015,873	3,690,479	88	5 68	88,068,182	4,403,409	44,927,691	712,933	23,764,433	11,163,258
64	4 69	121,093,750	3,632,812	89	5 62	87,078,632	4,353,933	34,015,098	721,121	24,037,366	9,977,732
65	4 62	119,230,769	3,576,923	90	5 56	86,111,111	4,305,556	33,119,658	728,633	24,287,766	8,831,892
66	4 55	117,424,242	3,322,727	91	5 49	85,164,835	4,258,242	32,259,407	735,515	24,517,166	7,742,241
67	4 48	115,671,642	3,470,149	92	5 43	84,239,130	4,211,956	31,452,512	741,807	24,726,900	6,705,612
68	4 41	113,970,588	3,419,118	93	5 37	83,333,333	4,166,667	30,637,255	747,540	24,918,300	5,718,955
69	4 35	112,319,841	3,369,363	94	5 32	82,446,809	4,122,340	29,872,032	752,775	25,092,500	4,779,532
70	4 29	110,714,267	3,321,428	95	5 26	81,578,940	4,078,947	29,135,327	757,519	25,250,633	3,884,694
71	4 23	109,154,900	3,274,647	96	5 21	80,729,160	4,036,458	28,425,740	761,811	25,393,700	3,032,040
72	4 17	107,638,900	3,229,167	97	5 15	79,896,900	3,994,845	27,742,000	765,678	25,522,600	2,219,400
73	4 11	106,164,367	3,184,931	98	5 10	79,084,620	3,954,081	27,082,747	769,150	25,638,300	1,144,447
74	4 05	104,729,735	3,141,892	99	5 05	78,282,420	3,914,141	26,447,313	772,277	25,744,633	705,680
75	4 00	103,333,333	3,100,000	100	5 00	77,500,000	3,875,000	25,833,333	775,000	25,833,333	PAIR.
76	3 95	101,973,667	3,039,210	101	4 95	76,732,660	3,836,633	25,241,007	777,423	25,914,100	673,093
77	3 90	100,649,333	3,017,480	102	4 90	75,980,400	3,799,020	24,668,633	779,540	25,984,666	1,315,733
78	3 85	99,358,967	2,980,769	103	4 85	75,242,720	3,762,136	24,116,247	781,367	26,045,566	1,929,319
79	3 80	98,101,267	2,943,038	104	4 81	74,319,220	3,025,661	23,582,047	782,923	26,097,433	2,515,386
80	3 75	96,875,800	2,906,250	105	4 76	73,809,520	3,960,476	23,065,480	784,226	26,140,866	3,075,386
81	3 70	95,079,000	2,870,370	106	4 72	73,113,200	3,655,660	22,565,800	785,290	26,176,333	3,619,533
82	3 66	94,512,167	2,835,365	107	4 67	72,439,900	3,621,495	22,082,267	786,130	26,204,333	4,122,066
83	3 61	93,373,500	2,801,205	108	4 63	71,759,260	3,587,963	21,614,240	786,758	26,225,266	4,611,026
84	3 57	92,261,900	2,767,857	109	4 59	71,100,920	3,555,046	21,160,980	787,189	26,239,633	5,078,653
85	3 53	91,176,467	2,735,294	110	4 55	70,454,540	1,522,727	20,721,627	787,433	26,247,766	5,525,839

Perte résultante des rachats en 5 pour o/o.

Bénéfice résultant des rachats en 5 p. o/o.